松村圭一郎

旋回する人類学

講談社

はじめに

「文化人類学ってどんな学問ですか？」そう聞かれると、いつも言葉に詰まる。「昔は未開社会といわれた民族を研究していたんですが、いまは病院とか、企業とか、軍隊とか、現代的な場所も対象になっています」。そんな言い方をして顔色をうかがう。納得いかない様子なら、「ただフィールドワークという現場に深く入り込んで調査する手法は一貫しています」などと言葉をたす。

うまくストレートに説明できないのは、文化人類学が何度も大きなパラダイム・シフト（＝転回）を経験してきたからだ。研究対象が変わるだけでなく、学問の前提となる理論的枠組みがたびたび入れ替わってきた。その変化は、かならずしも連続的な「発展」ではない。むしろ「断絶」や「亀裂」でもあった。そこには、人類学者たちが先人の築いた基盤やその時代の支配的概念を批判的に乗り越えようと格闘してきた足跡が刻まれている。

でもだからこそ、まどろっこしい言い方しかできない。

本書では、文化人類学の古典と現代の研究とを行ったり来たりしながら、この学問がどう変わり、いまどんな地平に立とうとしているのか、探っていこうと思う。それは一本の単線的な学説史とは違う文化人類学の語り方を模索する試みでもある。タイトルの「旋回する人類学」には、転回をくり返してきた人類学の変遷と、そんな変化の前後をぐるぐるめぐりながら人類学の現在地を見定めようという二つの意味が込められている。

最初にこの学問の名称についてふれておかねばならない。「文化人類学」という呼称は、アメリカを中心に使われてきた。自然科学的な「(自然)人類学」と区別される人文科学的な人類学のことだ。イギリスなどでは「社会人類学」が一般的だ。ほかにも「民族学」と呼ばれることもある(「日本文化人類学会」は、二〇〇四年に「日本民族学会」から名称変更した)。それぞれに歴史的経緯があり、違いもあるといえばあるが、相互に重なり合い、変化してきたので、明確な線引きは難しい。

さらに文化/社会人類学には、経済人類学や政治人類学、宗教人類学、生態人類学、医療人類学など数多くの下位区分もある。名称の説明だけで、じつにややこしい。本書では、以後、基本的に「人類学」を使う。

1章から6章まで六つのテーマごとに人類学の過去から現在までの歩みをたどる。そうやって旋回するたびに、人類学がはじまった一九世紀後半から二〇世紀初頭に遡《さかのぼ》る。学問の歴史を一本の線でたどる学説史では、ふつうその草創期は、最初にふれたら過ぎ去った時代として二度と顧みられない。だが本書では、あえて何度も人類学の出発点に立ち戻る。それは人類学がどうはじまったか、そこから何が変化したのかをとらえることが、いま人類学がどこに向かっているのかを見定めるために欠かせないからだ。そしてそれは、人類学がたどってきた線が必然的な一本の直線ではなく、複数の曲がりくねった道のりであったことを確認していく作業でもある。

旋回をくり返すなかで、複数の線はときに絡み合い、もつれ合う。同じ場所を通過することもあれば、ずれたまま進むこともある。その大地に刻まれたいくつもの轍《わだち》の跡こそが、人類学という学問の豊かさであり、可能性の源泉である。もちろん本書で、すべての線をたどることはできない。ただ人類学を学ぶ者として、これからどういう一歩を踏みだせばよいかを考えるためにも、ここでそれらの線の痕跡がもつ意味を言葉にしておきたいと思う。

人類学が誕生して一五〇年以上になる。その間、世界は「近代化」の渦に巻き込まれてきた。人類学がずっとその黎明期から対峙してきたのも、「近代」が何をもたらしたのかという問いだった。どの時代の人類学者たちも、つねにその問いと格闘し、思索を重ねた。そしてそれぞれが考える問題のあるべきとらえ方を提示してきた。

私たちはいったいどんな世界をつくりだそうとし、現実にどう世界を変えてきてしまったのか。それは、人類学という一学問に限らず、いまの時代を生きるすべての人にとって切実な問いである。人類学の一筋縄ではいかない旋回の軌跡をたどりなおす過程は、その問いへの向き合い方がいくつもありうることを確認していく作業でもある。

多様な差異にあふれたこの世界で、ともに生きていくとはどういうことなのか。人間とはどんな存在なのか。秩序ある調和のとれた世界がいかに可能なのか。災いや病気の恐怖と不安にどう向き合えばよいのか。私たちが獲得してきたと信じる科学や医学という近代的知識とは何なのか。本書であらためて人類学の歴史をひもとくのは、いま私たちが「答え」を必要としている課題へのさまざまな「問い方」の可能性を学ぶためである。

旋回する人類学　目次

旋回する人類学

１章　人間の差異との格闘

1 「差異」を問う

最初のテーマは人間の「差異」だ。人類は、みな同じなのか、異なるのか。違うとしたら、その差異は何にもとづくのか？　この問いを考えるには、人類学が「未開社会」の研究としてはじまり、やがて別の道を歩みはじめた道のりをたどる必要がある。それは現代までつづく人種主義《レイシズム》との長い闘いの歴史でもあった。

かつて人類学は「未開社会」を研究対象にした。それは人類が未開な状態から文明をもつ段階へと進化してきたと考えられたからだ。人間（ギリシア語の anthrōpos）の学としての人類学（anthropology）は、その始原の姿を文明化していないとされる非西洋社会に求めた。いまからみれば、人間社会を未開と文明とに分けるこの視点こそが差別的にみえる。だが、かつてこの「進化論」は、むしろもっと強固な人種主義に対抗するためのものだった。

同じ人間であること

世界中でヨーロッパ列強の植民地が急速に拡大した一九世紀、そこで西洋人が出会った人びとは、そもそも同じ人間とはみなされなかった。当時、人間は起源の異なる複数の人種からなり、その人種間の能力や身体機能には絶対的な違いがあると信じられていた。それは一九世紀から二〇世紀初頭にかけて、欧米各地や日本でも生きた人間を標本として「展示」する「人間動物園」が開かれていたことからもわかる。人類には複数の種がある。この信念こそが、異なる劣った人種に対する奴隷制や植民地支配を正当化してきた。

人類学がかたちづくられる一九世紀後半、この学問に最初に課された使命は、人類が一つの種だと証明することだった。一八九六年に英国オックスフォード大学で初代の人類学教授に就任したエドワード・タイラー（一八三二―一九一七）は、『原始文化』（初版一八七一年）の第一章でこう強調する。

ここでの目的のためには、遺伝による多様性や人種については度外視し、人類を本性的に同質でありながら文明上の段階を異にするものとして扱うことが可能であり、かつ望ましいと思われる。[*1]

人類にはさまざまな違いがある。しかし、それは文明の発展段階が違うために文化要素が異なるだけで、その起源も本質も同一である。当時、それはむしろ急進的な考えだった。タイラーの結びの言葉は「改革者」の使命感にあふれている。

この仕事は、快適なものではないにせよ、人類の幸福にとって緊急性を欠くようなものではけっしてない。このように進歩を促すことにも、障害を取り除くことにも積極的である点において、文化の科学は本質的に改革者の科学なのである。[*2]

晩年の『人類学』(一九〇六年)でも、タイラーは「すべての人種は共通した祖先をもつ」とあらためて強調している。[*3] 二〇世紀に入っても人種差別を当然視する風潮は根強く、それに対抗する必要があったのだ。

人類の多様性を進化の段階の違いとしてとらえる進化論は、人間の同一性を証明するために必要な理論だった。だが文明の発展を前提とする視点は、次世代の人類学者たちによって批判されていく。先進的な文化や遅れた文化があるわけではない。異なる文化には、それぞれ独自の価値体系があり、優劣とは無関係である。それが諸文化を対等とみなす文化相対主義の考え方だ。

異なる文化の多様な世界

一九〇二年、コロンビア大学にアメリカ最初の人類学部を創設し、その発展に貢献したフランツ・ボアズ（一八五八―一九四二）は、それまで主流だった進化主義を批判し、文化相対主義を唱えた。*4 ドイツ出身のユダヤ系移民でもある彼は、人間の複数の起源を主張する考えや人間の行動と思考が遺伝的に決定されるという人種主義に正面から立ち向かった。そして身体の差異が遺伝よりも環境によって生じることを示し、人種というカテゴリーに科学的根拠はないと主張した。彼の教えを受け、文化相対主義の考えを洗練させたのが、日本人論『菊と刀』（一九四六年）を書いたルース・ベネディクト（一八八七―一九四八）だ。

彼女は『文化の型』（一九三四年）で、文化相対主義の視点から人種主義を批判している。*5 人間のふるまいは遺伝ではなく、文化によって決定される。そして文化は遺伝しない。つまり人間を結びつけ、異なるものにしているのは、遺伝的な性質による「人種」ではなく、共有された考え方や価値基準としての「文化」なのだ。

ベネディクトはそこで、人類学が「未開社会」を研究するのは、比較的孤立した状態で独自の文化が維持されているからであり、単純な環境のなかで明確な型《パターン》をとりだせるからだと述べている。「未開社会」は人類文化の多様な可能性についての貴重な資料を提供してくれる「実験室」であって、人間の「起源」が残存する場所ではない。

そもそも文化の「優劣」をはかれる尺度などない。彼女は文化相対主義の立場を「文化が全体として異なった方向に方向づけられているから、差異が存在する」と説明する。[*6] それぞれの文化は別々の目標に向かって異なる道を歩んでいる。だとしたらそれらを一本の進化の線上に並べることはできない。

ベネディクトは『レイシズム』（一九四〇年）でも、人種間の優劣を明確に否定し、人種差別の背後にある社会的な格差や対立の問題を浮き彫りにしている。[*7] 人種は、言語とも文化とも国境とも無関係である。彼女は、それを丁寧に説明しながら、いかに「純粋な人種」といった観念が幻想にすぎないか、あらゆる文明がさまざまな人種や民族の協働をとおして育まれてきたかを示す。それは西洋文明こそが先進的で、白人という人種が優れていると信じるレイシストへの徹底的な反論であった。

なぜ文化の差異が生まれたのか？

人種主義や文化の進化論の根底には、西洋の自民族中心主義《エスノセントリズム》がある。それを乗り越えることが、二〇世紀前半の人類学が文化相対主義を掲げた理由だった。現代思想に大きな影響を与え、二〇世紀を代表するフランスの人類学者であるクロード・レヴィ＝ストロース（一九〇八―二〇〇九）は、『レイシズム』から一二年後の一九五二年に『人種と歴史』を刊行した。そこでも、西洋中心主義への批判が貫かれている。彼が人種主義を乗り越えるために強調したのも、人種の数をはるかに上まわる多様な文化の差異であった。

> 人種よりもずっと多くの人類文化があるのであって、人類文化が幾千と数えられるのに人種は幾つと数えられるのである。つまり、同一人種に属する人々によって築かれた二つの文化は、人種的に異った集団に属する二つの文化と、同じくらい、あるいはそれ以上に異ることもあるのだ。[*8]

生物学的な差異とされる人種と文化とを明確に切り分けるこの言葉は、ベネディクトの議論とも重なる。ただしレヴィ゠ストロースは、この文化の多様性が意味するものをより深くつきつめようとする。人種問題に関するユネスコの小冊子シリーズの一冊でありながら、同書は人種そのものより、文化の差異と「進歩」との関係についての考察に大半を費やしている。

レヴィ＝ストロースは、ベネディクトのように、地理的距離や環境の違いが文化の差異をつくるとは考えていない。むしろ近接するがゆえに対立し、区別しあい、自己自身であろうとしたと指摘する。さらに文化の差異を所与とみなす文化相対主義にも批判的に言及する。それは文化間の相互関係や共通性、そして「進歩」の存在を覆い隠すからだ。そこには人間の差異への深い洞察がある。

哲学や宗教も、あらゆる人権宣言も、人間の差異を否定することに躍起になってきた。それはタイラーなど初期の人類学者も同じだ。その結果、人間社会を単一の発展段階に位置づける「疑似進化論」が生まれた。そこでの文化の差異は見かけだけのものになる。

レヴィ＝ストロースは技術の進歩を否定しない。西洋で起きた産業革命による新技術が世界中に拡散している現実も直視している。しかしそれは西洋が優れていたからではない。進歩は、進化論が想定したように必然的でも連続的でもない。それは偶然の飛躍にもとづく。たとえば、西欧からは新石器時代のようにみえる新大陸の先住民の発見した植物利用が旧世界の諸文明に多大な影響を与えた。しかも現代社会は、約一万年前の新石器革命の膨大な発見にいまなお依存している。

われわれは、新石器時代の革命と誇張ではなしに呼ばれているものの烙印を残す膨大な発見、すなわち農業や牧畜や製陶術や機織……に今なお依存しているのである。このような《文明の技術《アール》》のすべてについて、われわれは、八千年ないし一万年このかた、ただ改善しか加えてこなかったのである。[*9]

レヴィ＝ストロースは「停滞的歴史」と「累積的歴史」という概念を提示する。停滞的な社会と累積的な社会があるわけではない。サイコロの目がたまたま出つづけるかのように、偶然の積み重ねが累積的歴史という進歩を生む。それは特定の文明や一時代に限られた話ではない。しかも「累積的」にみえるのは、その変化が意味あるものに思えるからで、逆に「停滞的」にみえるのはその意味をくみとれないからだ。そもそも「進歩」とは同一方向への動きではない。自分と同じ方向に動く文化は活動的にみえ、違う向きだと停滞的にみえる。進歩とは、諸文化がその差異を保ちながら提携して同じ道を進む「共同の賭《かけ》」なのだ。

レヴィ＝ストロースは、西洋中心主義や人種主義を打破するという点でそれまでの人類学者と問題意識を共有している。だが単純な文化の進化論とも、文化の差異を前提とする文化相対主義とも違う地平に立つ。一〇年あまりで人類学の枠組みは大きく変化した。人間の「差異」がより関係的にとらえられるようになったのだ。そしてこの「転回」には、まだつづきがある。

2　構造のとらえ方

人間は同じなのか、違うのか。違うなら、何がどう違うのか。それは人類学が最初から向き合ってきた問いだ。

人間の起源は一つであり、人間の差異は生物学的な違いではなく、発展段階の差にすぎない。そう主張した人類の進化説は、それぞれに文化が違うのであって優劣の差はないと強調する文化相対主義におきかわった。

文化相対主義の立場では、文化の差異は克服され、よりすぐれた文化に発展したり統合されたりすべきものではなくなる。それぞれの文化の価値は対等であり、その多様性は尊重されるべきだ。この考えは多文化主義《マルチカルチュラリズム》の理論的根拠にもなった。そして少数民族の民族言語による教育や差別的境遇をふまえてその権利擁護のために優遇措置をとる積極的差別是正措置《アファーマティブ・アクション》など、実際の政策にも影響を与えた。

人種間の優劣を否定し、西洋中心主義を乗り越えようとした文化相対主義は、人種主義に対抗する言説として影響力をもった。だが人類学理論としては問題が残されていた。

文化はそれぞれに違う。では、その差異や類似性は何に由来するのか。たとえば同じ文化が異なる民族にもみられるのはなぜか。接触や伝播の結果なのか、それとも独自に発展したのか。民族が違えば文化が異なるというだけでは、違うから違うのだという同語反復《トートロジー》でしかない。人間の差異をめぐる探究はまだはじまったばかりだ。

差異と類似性の奥にあるもの

前節で紹介したレヴィ＝ストロースは、すべての文化の類似を接触や伝播、起源の同一性の結果だとする考えを一蹴した。彼は現代アメリカの北西岸に住む先住民と古代中国の芸術様式の類似性を例にあげる。[*1] 時代も地域も異なる両者を伝播や接触で説明するのは困難だ。

いずれも動物などのモチーフが、きわめて抽象化された図像で分割され、両側面が左右対称に平面上に描かれる表現様式をもつ。ちょうど背開きにした魚のような図像だ。こうした「分割表現」は、ニュージーランドのマオリや南米先住民などにもみられる。

レヴィ＝ストロースは、仮にそれらが文化の伝播や借用によるものだとしても、変わらないままである理由を説明できないと指摘する。そして、その特徴的な分割表現が「いれずみ」または「仮面」の文化と関係しているという解釈を提示する。その装飾は「顔」のために施されたのだ、と。

仮面文化があっても分割表現をもたない社会もある。それは仮面の社会的役割が異なるからだ。レヴィ＝ストロースは、仮面を媒介として社会的ヒエラルキーが象徴される威信にもとづく社会で分割表現が発達したと論じる。

私たちは文化の表面的な類似や差異だけに注目して同じとか、違うとか思いがちだ（日本文化とユダヤ文化の共通点から祖先が同じと考えるとか）。仮面の文化が共通していても、かならずしも起源が同じだとか、影響関係があったとはいえない。文化とは無数の要素が絡み合う複合体なので、要素を分解して比較しても意味をなさないのだ。

人類学は、文化の類似や差異の奥にある隠れた体系の存在に目を向けてきた。レヴィ＝ストロースは、それを要素間の関係に着目する「構造」という概念でとらえようとする。

深層にある構造の探究へ

時代は遡る。人類学の「構造」概念の歴史は古い。二〇世紀前半のイギリス社会人類学を発展させ、数年間シカゴ大学で教鞭をとってアメリカの文化人類学にも影響を与えたアルフレッド・ラドクリフ゠ブラウン（一八八一―一九五五）は、人間社会の「構造」を人と人との関係のセットととらえた。*2

たとえば、あらゆる社会の親族関係は、親と子とか、オジとオイ、キョウダイ、イトコなど多数の二者関係から成り立つ。ほかにも男性と女性、首長と平民といった社会的な役割や階級分化によって決まる社会関係もある。

こうしたさまざまな社会関係の複合体が構造である。この構造は、その社会のメンバーの多くが亡くなり、あらたに生まれた世代と入れ替わっても持続しやすい。たえず変化しつづけているようにみえる現象の背後には、変わりにくい体系としての構造があるのだ。

人はそれぞれ好きに生きているつもりでいる。でも、その生まれ落ちた社会のいろんな関係の束から逃れ出ることは容易ではない。子どもはその社会の構造のなかで、いかに両親と関係をもち、周囲の大人と接し、何者として生きていくかを定められる。それからの

「逸脱」も、「ふつう」の関係が定まっているからこそ「逸脱」になる。

かつて息子だった男性も、やがて結婚して父親になり、子どもから成人、老人へと変化の過程を生きる。でも、その変化の背後には変わらない社会関係の構造がある。ラドクリフ゠ブラウンは、このさまざまな社会の構造をとりだすことで異なる社会を比較分析できると考えた。そこには、人間の社会や文化にも自然科学と同じように一般法則がみいだせるはずだという信念があった。

構造人類学という地平を切り拓いたレヴィ゠ストロースは、この構造のとらえ方を明確に批判している。[*3] ひとつは構造を社会関係の総体に還元している点。もうひとつは、その社会関係を二者関係に分解してしまった点だ。親子などの具体的な社会関係は構造そのものではない。その社会関係を可能にしているモデルを抽出する必要がある。それは二者関係だけに着目してもみえてこない。むしろその実在する二者関係に先立つ集団関係を含んだ体系的なパターンをとりださなければならない。

具体的な社会関係はモデルをつくるための素材である。だから、実際に話される言葉とその言語を体系づける文法とが別の水準にあるように、その素材を構造という抽象的なモデルと混同してはいけない。それがレヴィ゠ストロースの主張だ。それはより抽象度の高い「構造」の解明をめざす立場だった。

社会を生みだす交換の力

構造に注目するレヴィ＝ストロースにとって、親族関係は、結婚相手がどう規定されるかという基本構造にもとづいている。[*4] あらゆる社会には特定の相手との結婚を禁じるルールがある。いわゆる「インセスト」の禁止だ。

現代の日本でも、母と息子であるとか、兄と妹といった関係での結婚は認められていない。つまり、もっとも身近にいる男女は結婚できない。そこで結婚相手を別の関係にある集団から探すことになる。

男性からみれば、姉妹などの身近な女性は違う集団に嫁ぎ、自分の結婚相手の女性は別の集団から娶ることになる。社会によっては、どういう関係の相手と結婚するのが望ましいかも決まっている。このとき女性の集団間での「交換」が実現するのは、双方の集団に同じように身近な女性との結婚を禁じる規則があるからだ。

集団間で女性たちが移動する経路に着目すると、そこに異なる二つの構造（双方向で互酬的な限定交換と一方向で循環的な一般交換）が浮かび上がる。レヴィ＝ストロースは、こうして世界のさまざまな民族の事例をとおして、親族の基本構造を女性の「交換」というコミュニケーション様式の視点からとらえた。

それぞれの「文化」だと思われていた社会組織や親族関係などの観察可能な現象の背後に隠れた原理が作用している。分割表現の根底には仮面文化や社会的ヒエラルキーが関係している。どの女性と結婚すべきか、すべきでないのか。その思考の背後に集団間の関係のパターンが存在する。それは、人間のさまざまな表面的な差異の奥にある人類に共通した普遍的構造をみいだす作業でもあった。

このレヴィ＝ストロースの構造分析は、人間がなぜこんなに無数の集団にわかれているのか、多様な文化の差異があるのか、という問いへのアプローチを一変させた。

人類学が研究対象としてきた「未開社会」は、同じような地域で暮らしていても民族が細かくわかれ、それぞれに独自の文化をもっているケースが多い。しかも同じ民族内にいくつも下位集団があったりする。それはなぜなのか？

たとえば、二つや四つ、多い場合は八つの下位グループにわかれ、集団内での結婚が禁じられている。レヴィ＝ストロースはそれらが縁組という集団間で婚姻関係を成り立たせるために編成されていることを図式的に示した。

女性の「交換」が可能になるには、ある集団が別の集団と区別されている必要がある。つまり「交換」というコミュニケーションが複数の異なる社会を生成させると同時に、婚姻をとおしてそれらの集団を結びつけているのだ。

文化相対主義は、文化の差異をそれぞれに切り離された独自のものととらえる傾向があった。すると、そこにある類似性は伝播や接触でしか説明できなくなる。だが構造人類学はその枠組みを大きく転換させる。それは文化の違いが相互に関係しているからこそ生まれるという視点だ。

自然と文化のコミュニケーション

世界のさまざまな民族では、特定の動植物や自然物がそれぞれの集団と密接に結びつけられ、神話上の祖先と同一視されたり、神聖な崇拝対象にされたりすることが報告されてきた。いわゆるトーテミズムだ。

トーテミズムは、人類学の草創期から研究されてきた古典的テーマである。タイラーは、それを「動物崇拝」として「低級な文明に属す人々が野獣を崇拝していることほど気の毒な現象はない」と書いていた。*5 キリスト教のような一神教を進化した宗教ととらえる視点からは、自然界の動植物をそのまま崇拝対象にするのは文明的な教養がない無知のためだと考えられたのだ。

レヴィ＝ストロースは、このトーテミズムを高度な記号的コミュニケーションとして再解釈した。トーテムをもつ社会のほとんどは無文字社会だ。彼は、そうした社会が自然物を「記号」として操作していると論じた。*6

多くの民族は、周囲の動植物や自然物に名前をつけ、精緻に分類している。それは自然の万物に切れ目をいれ、それらを特徴によってカテゴリー化することを意味する。当然、環境や生業が違えば分類や意味づけも変わる。

たとえばアメリカ南西部の先住民は農業をするので、カラスは農園を荒らす鳥とみなされる。漁業と狩猟をする北西海岸の先住民は、カラスを動物の死骸や糞まで食べる鳥と考える。一方は植物と、他方は動物と結びつく。こうしてその土地ごとに自然物が類縁関係でカテゴリー化されているのだ。

ミツバチは、アフリカでもオーストラリアでもトーテム動物となる。スーダンのヌエルでは、体紋が同じなのでニシキヘビと結びつけられる。ニシキヘビをトーテムとする人たちはミツバチを殺さず、その蜜も食べない。このようにトーテムに関連する動植物はときに食べることが禁じられる。この「禁止」が「食べるもの」と「食べないもの」という対立する記号区分をつくりだす。類縁関係で結びつけられた動植物のカテゴリーのなかに、他と区別する特別の標章（「食べる」「食べない」）が生まれる。ちょうどインセストの禁止が自他の集団の区分、結婚してはいけない集団と結婚してもよい集団をつくるのと同じだ。

トーテミズムは、この自然のなかにみいだされた差異を人間集団の差異をあらわす記号として利用する。レヴィ＝ストロースはそれを次のように表現する。

動物の間の差異を人間は自然から取り出してきて文化の領域に移す。〔中略〕それを人間の集団が取り込んで標章とし、それによって、人間どうしの類似性を変質させようとする。その同じ動物が、同じ人間集団によって、食物としては忌避される。[*7]

人間の文化の違いとは何か。それは類似した存在のなかにあえてうみだされてきた差異だ。レヴィ＝ストロースは、この作用を言語という記号を操作する人間の能力と結びつけ、「未開」とされた人びとの「野生の思考」から現代の科学的理性にまで通じる普遍的知性だと論証した。未開と文明のあいだの乗り越えがたい断絶がこうして接続されたのだ。

レヴィ＝ストロースの構造分析は、それまでさまざまに解釈されてきた人類学の問いがまったく別のかたちで理解しうることを示す画期的なものだった。だがそれは次の世代が批判的に乗り越えようとした壁でもあった。

3　未開と近代

レヴィ＝ストロースの構造主義は、現代思想に一大旋風を巻き起こす。それは一九世紀にはじまった人類学が幅広い分野で注目をあつめる転機となった。

人間の文化の差異に優劣はなく、対等のものととらえる文化相対主義の視点だけでは、その差異がなぜ生まれるのか、何がどう異なっているのか、説明できない。ある意味、その「対等性」は理念的なものにとどまっていた。

レヴィ＝ストロースは、構造という概念を使い、人間の差異の根底には普遍的原理があること、さまざまな差異はその普遍性のうえに築かれていることを示した。そして西洋と非西洋の文化に優劣の差はないというだけでなく、何が同等でどこが違うのかを具体的にあきらかにした。

前節でふれたように、親族集団の類型には多様性がある。だがそれはいずれも「インセストの禁止」という普遍的原理のうえに成り立つ差異だ。そして多くの集団には婚姻規則と関わるトーテミズムや神話が共有されている。そこには自然物を分類して相互に関係づけることで記号化し、人間集団の文化的差異を表現するという知的営みがある。

レヴィ＝ストロースは、呪術や神話という未開な思考様式とされてきたものが感覚的特性と高度な記号操作にもとづく「具体の科学」であると論じた。[*1] それは事実誤認でも未発達な科学でもない。むしろ呪術的認識と科学的認識は、いまも並存する知性の二様式である。こうして彼は「対等」の内実とその差異の所在を明確にしたのだ。

歴史という問い

レヴィ＝ストロースの初期の作品を読むと、その主張が厳しい批判にさらされていたことがよくわかる。批判に激しく反論する彼の言葉から、いかに構造主義がそれまでの人文社会科学と異なる地平を目指して格闘していたかが伝わってくる。[*2] その論点には、構造主義が崩そうとした壁と、構造主義自体が乗り越えるべき壁になっていくポイントが含まれている。

たとえば「限定交換」と「一般交換」といった抽象的な構造をとりだす構造主義は、しばしば歴史的な変化を無視していると批判されてきた。だがレヴィ＝ストロースは、むしろくり返し歴史という問いの考察を深めている。

進化論者は人間の差異を歴史の発展段階に位置づけ、伝播論者は文化要素をそれが発明された歴史的起源と関連づける。いずれも歴史を扱っているようにみえるが、レヴィ＝ストロースは、それらは自分たちの憶測を押しつけているという意味で歴史学の方法ではないと批判する。[*3]

構造人類学は、さまざまに異なり、変化する制度や慣習の根底にある無意識的構造をあきらかにする。そのために具体的な歴史の変化をとらえ、差異を比較する。そうして変化や差異の背後にある変わらない普遍的構造を導きだすのだ。それが構造主義の歴史への向き合い方である。

あらゆる社会は歴史的に変化してきた。それでも構造主義の分析対象である「未開社会」が歴史をもたないようにみえるのは「冷たい」社会だからだ。[*4] レヴィ＝ストロースはそれをつねに変化に駆動されている近代西洋のような「熱い」社会と対比する。この対比は『人種と歴史』で示された「停滞的歴史」と「累積的歴史」とも重なる（本書二二頁）。「冷たい」社会は、機械式時計のように最初の状態を一定に保とうとする。「熱い」社会は、蒸気機関のように膨大なエネルギーを消費しながらそれを変化の原動力にしていく。この対比は『野生の思考』で次のように説明される。

冷い社会は、自ら創り出した制度によって、歴史的要因が社会の安定と連続性に及ぼす影響をほとんど自動的に消去しようとする。熱い社会の方は、歴史的生成を自己のうちに取り込んで、それを発展の原動力とする。[*5]

未開社会は変化をもたらす動きを抑制することで、初期状態にとどまろうとする。人びとは自分たちの儀礼や習慣を「御先祖様の教えだ」と説明する。それは世界の起源に遡る古さと連続性が、その正統性の基礎にあるからだ。つまり、さまざまな信仰や儀礼を支える神話は、つねに起源への回帰を促す無時間的な絶対性のなかにある。こうしてレヴィ＝ストロースは、構造主義が向き合う未開社会の歴史が停滞的にみえる理由を提示する。それはまさに未開と近代のどこがどう違うのかという問いそのものだった。

未開と近代はどう違うのか？

レヴィ＝ストロースの構造人類学は、一九六四年から七一年に刊行された『神話論理』全四巻によって全貌があきらかになる。その神話の構造分析は未開社会を対象とする人類学のひとつの到達点である。

彼が洗練させたさまざまな対比的概念──「呪術的認識」(=具体の科学)と「科学的認識」、「停滞的歴史」と「累積的歴史」、「冷たい社会」と「熱い社会」は、人類学がなぜ未開社会を研究するのか、そこに人間の普遍性と差異を理解する豊かな可能性があることを示した。

もちろんレヴィ=ストロースも、未開社会と近代社会が現実にはっきりと区別できると考えていたわけではない。どちらに位置づけるべきか難しいケースがあると認めている。それでも、そのわかりやすい対比的な図式は、未開と近代との大きな差異を強調する結果となった。

未開社会の特徴を明確にすることは、暗に近代社会をその正反対の鏡像としてとらえることでもあった。構造主義の限界もそこにある。未開社会について深い洞察をめぐらせる人類学者は、どれだけ自分たち近代社会のことを理解しているのか。ほんとうに近代社会はそれと大きく異なるのか。そうした問いが次の転回へとつながる。近代そのものを研究対象にする人類学の登場だ。

一九七九年に発表されたブルーノ・ラトゥール(一九四七─二〇二二)とスティーヴ・ウールガーの『ラボラトリー・ライフ　科学的事実の構築』は、レヴィ=ストロースが「科学的認識」として「呪術的認識」と対比させた近代科学の側を研究対象とするあらたな人類学の先駆けとなった。[*6] それが「科学の人類学」だ。

科学者の実験室での日常をあたかも未開人の生活を参与観察するかのように調査する。当事者にはあたりまえすぎて意識されていないことも、見慣れない新奇なものとして扱う。それはまさに人類学者の視点である。

あらかじめ科学的なものと社会的なものという区別をせず、無関係に思えることも含めて、実験室で何が行われているのかを具体的に記述していく。たとえば、若い二人の女性が実験用ラットを扱う場面は、こう描写されている。

左側の女性は一つの注射器からある液体を注入し、別の注射器で別の液体を採取してもう一人の女性に手渡す。二人目の女性は、その注射器の中身を試験管に出す。そしてようやく書き物の番になる。時間と試験管の番号が注意深く記録される。この間に、動物〔ラット〕が殺されて、エーテルや綿布やピペットや注射器や試験管といったさまざまなものが使われている。[*7]

まるで神秘的な儀式でも観察しているかのようだ。ラトゥールたちは、さまざまな道具や作業（番号を振る、記録をファイルする、コンピューターに入力する、グラフをつくる……）をとおして、いかに具体的な生き物や物質が抽象的な数字や図表、科学の命題などに変換され、科学的事実が構築されていくかをあきらかにした。

近代科学は未開の呪術や儀礼と同じように記述可能な研究対象になる。ラトゥールはこうしてレヴィ＝ストロースが洗練させた近代と未開との対比的な図式を壊していく。

いまだ近代人であったことなどない⁉

科学人類学は従来の人類学をどう変化させたのか。それは、近代社会が科学に与えてきた特権的地位を剝奪する大きな転回であった。

近代は、それ以前の社会と異なり、科学の発明によって、一方に人間社会が人為的につくりだす文化の領域があり、他方にどの文化からも切り離された純粋な自然の領域があると認識するようになった。それが一般的な理解だ。ラトゥールは、この自然と文化、近代と前近代の二分法を痛烈に批判する。そして「私たちはいまだ近代人であったことなどない」という大胆な主張を展開する。それはどういうことか？

西洋社会は、自分たちが他のいかなる文化とも異なるという暗黙の前提に立つ。なぜなら、西洋の科学だけが自然の本来の姿を把握でき、文化を相対化してとらえることができると考えているからだ。

未開社会の「野生の思考」をあきらかにし、無意識的構造をとりだせるのも、科学のおかげだ。レヴィ＝ストロースは、たしかに前近代の呪術的認識を近代の科学と同等かそれ以上の知性として鮮やかに描きだした。だが、その知性を理解し、構造を抽出する特権は西洋の科学者の側にのみ与えられていた。ラトゥールは、レヴィ＝ストロースがしたことは、せいぜい「未開人」を「目いっぱい科学者らしく見せることだけだった」と皮肉たっぷりに述べる。

レヴィ＝ストロースにとって〔中略〕、新たな科学的知識は明らかに文化の外側に横たわるものになる。そして、すべての文化（西洋とその他）を相対化できるのは自然と一体化した科学の超越性だけになる。当然ながら、「彼ら」の文化ではなく、私たちの文化が、ただ私たちの文化だけが、生物学、電子顕微鏡、遠距離通信のネットワークを通じて完全な知識を打ち建てることになる。こうして、狭められたかに見えた裂け目は再び大きな口を開けるのである。[*8]

それまで西洋の科学は人類学の研究対象にならなかった。それは、科学が自然そのものと一体化していて、人間の文化をこえた超越性があると考えられてきたからだ。科学の人類学的研究は、その特権的な科学の営みが政治や経済といった他の活動と何ら変わらないことを白日の下にさらけだした。

近代人は、自分たちが自然と文化、人間と人間でないものを明確に区別して生きていると思い込んでいる。前近代人は、動物を殺して雨を降らせようとしたり、自然物を記号として文化の差異を表現したりする。それは彼らが自然と文化を混同し、人間と非人間を同列に扱ってしまうからだ、と。だがラトゥールは、そうやってハイブリッドなものに囲まれているのは、近代人も同じだと指摘する。

実験用ラットに化学物質を注入するとき、その脳から抽出した体液を分析器に入れるとき、そのデータをもとに人間の病気の治療薬をつくりだすとき、近代人は自然と文化、人間と非人間とをごちゃまぜにしている。それでも、自分たちはけっしてそんなことはしないという不文律があるので（ラトゥールはそれを近代の「憲法」と呼ぶ）、水面下ではその奇妙なハイブリッドが増殖しつづける。それが人間活動を際限なく拡大させてきた。そのことに無自覚な人類学者も、結局はみずからを近代人だと誤解していたのだ。

人類学はその草創期から人間の差異と格闘してきた。文化の進化主義も文化相対主義も、構造分析も、人間の差異を優劣におきかえようとする西洋中心主義の視点に挑戦してきた。だがラトゥールは、それではまだ十分ではないという。人類学という学問そのものを支える「科学」について、その科学が前提としている自然と文化、人間と非人間との区分について、もっと根本的に再考する必要がある。そうでなければ、結局、人類学は近代の「憲法」から逃れられない。近代でも前近代でもない、非近代の地平に立つこと。ラトゥールの投げかけた問いは、学問とは何か、人類学とは何のためにあるのか、人類学者に考えなおすよう促した。

人間の差異について、エドワード・タイラーが起源は同一でありながらも発展段階が異なると位置づけて一〇〇年あまり。多くの人類学者が西洋とは違う「未開社会」を理解しようと奮闘しつづけた先に、前近代と近代との壁が取り払われ、近代人などいない「非近代」という地点にたどりついた。

ここまで書いてきて、自分でも目が回りそうになる。あらたな地平を切り拓く改革者が批判されて乗り越えられる。前言撤回につぐ前言撤回……。人類学をひとまとめに語る難しさをあらためて痛感する。でも、まだはじまったばかりだ。ふたたび人類学の出発点に戻って、旋回をつづけよう。

2章　他者理解はいかに可能か

1　他者理解の方法

人類学は、さまざまな差異をもつ他者との出会いをその学問的探究の原動力にしてきた。どうしたら自分たちとは相容れないようにみえる他者を理解できるのか。その方法があるとしたら、いかなるものなのか。二つめの旋回では、この他者理解の方法をテーマに、人類学者たちの試行錯誤の過程をたどろうと思う。

人類学といえば、現場に深く関わって調査するフィールドワークのイメージが一般的だ。だが、かならずしも最初からそうだったわけではない。しかも「フィールドワーク」が意味するものは時代によって移り変わってきた。

イギリスの社会人類学の基礎をつくったエドワード・タイラーより前に、アメリカで人類学的研究をはじめていた人物がいる。カール・マルクスと同じ年に生まれたルイス・ヘンリー・モーガン（一八一八―一八八一）だ。

モーガンの著作は、マルクスの理論にも大きな影響を与えた。マルクスの盟友エンゲルスは、モーガンの代表作『古代社会』(一八七七年)について、こう述べている。「マルクスが四十年まえに発見した唯物史観を、モーガンはアメリカで彼なりに新たに発見したのであり、それによって、未開と文明とを比較するさいに主要な点でマルクスと同一の結論に到達した」[*1]。

この章では、このモーガンの人類学から旋回をはじめよう。

世界の事例を収集し分類する

モーガンは、いわゆる「人類学者」ではない。研究者として大学に所属したことは一度もなく、弁護士であり、実業家や政治家としても活躍した。幼いころからアメリカ先住民に興味を抱いていたモーガンは、二〇代半ばで弁護士資格を取得すると、先住民が直面していた教育や土地問題の支援に乗りだした。いわば「活動家」だった。

モーガンの「活動」への関わりには、先住民イロクォイ出身のエリー・パーカーとの出会いが大きい[*2]。パーカーは、イロクォイの一支族セネカの首長を父にもち、白人と同じ普通教育を終えて、土木工学を学んだ。後に南北戦争では北軍総司令官ユリシーズ・グラントの秘書長をつとめ、一八六九年に第一八代大統領に就任したグラントのもとでインディアン局の長官にも任命された人物だ。一八四〇年代、若きパーカーと出会い、友情を深めたモーガンは、居留地にも招かれ、先住民社会のことを学ぶ。アメリカの人類学は、こうして在野の研究として、白人と先住民との親密な交流からはじまった。

相手との信頼関係を築いて詳細な情報を入手する。モーガンの手法は、すでに人類学的な「フィールドワーク」に近いものだった。だが、やがてモーガンは人類文明の起源を探究する壮大な理論の構築に着手する。人類の歴史を解明する理論をつくるには、パズルのピースを埋めるように、世界各地の事例を集めて比較する必要があった。

モーガンは、イロクォイの政治体制が親族関係の出自規則にもとづいており、それが他の先住民社会と共通していることに気づいた。[*3] そして調査の依頼状を送っていた宣教師の報告からインドのタミル社会にも同じ体系があることを知る。世界の民族の親族体系がわかれば、アメリカ先住民がアジア起源であることを証明できる。彼はそう確信する。

モーガンは、実業家として鉄道建設事業に従事するかたわら、アメリカ各地をみずから旅して調査した。同時に世界各地の学者や宣教師、外交官、商人などに親族体系についての質問票を送付して情報提供を求めた。

そうして収集した情報をまとめた『人類の血縁と姻戚の諸体系』(一八七一年)には、長大な親族呼称の一覧表がつけられている。たとえば、もっとも「原始的」とされたハワイ式の親族体系では、祖父母の兄弟姉妹はすべて「祖父母」と呼ばれる。そして自分の兄弟姉妹の子はすべて「子」、父と母の兄弟は「父」、その姉妹は「母」となる。モーガンはその親族呼称を兄弟姉妹が同居し通婚関係にあった証拠だと考えた。[*4] それが、人類が乱婚にはじまり、共同的な家族をへて、やがて文明的な一夫一婦制へと進化するという『古代社会』で示された発展図式の土台となる。

『古代社会』では、さらに多くの事例が分析された。古代ギリシアやローマ、ゲルマン諸族などの事例は、ホメロスの長編叙事詩やカエサルの『ガリア戦記』など、幅広い古典文献が渉猟され、多数の歴史書や紀行文も引用された。各地の民族については、世界中で布教活動をしていた宣教師たちの報告や続々と発表される研究書を参照している。さまざまな情報ソースを駆使して、モーガンは親族体系の変化が技術や政治体制、財産観念の発達とともに進んできた人類の文明化の歩みを描きだした。

人間の差異と類似性のバリエーションをすべて把握する。それはまさに博物学が、世界中の動植物などを収集して種を同定し、分類していくのと同じ手法だった。

さまざまに異なる諸民族を人類の全体像のなかに位置づける。それが他者を理解する鍵とされたのだ。

誰がどう情報を手に入れるのか？

世界の人類文化の総目録《カタログ》をつくる。モーガンの仕事には、そんな野望が透けてみえる。そして、その傾向は多かれ少なかれ、その後の人類学の研究にも引き継がれていく。

では、人類学の他者理解の方法はどう転回したのか。それは、誰がどこでどのように情報を手に入れたのか、という情報の質とその意味に注意を払う視点の登場だ。

人類学者がみずから現地におもむき、通訳を介さず、長期間、現地の人とともに過ごす。この「長期参与観察」という人類学の手法を確立したイギリスの人類学者ブロニスラウ・マリノフスキ（一八八四―一九四二）は、『西太平洋の遠洋航海者』（一九二二年）の序論で、詳しくその方法論を検討している。

自然科学では実験方法や使用した器具、観察の方法や回数など研究の手順が当然のように記載される。マリノフスキは、人類学者が書く民族誌には、そうしたことがほとんど触れられていないと指摘する。どのような状況で観察を行い、情報を集めたのか、その具体的な手法の説明がなければ、その情報の確かさは検証しようがない。

そしてモーガンなど初期の人類学的研究で貴重な情報源だった宣教師や商人など白人居

住者の情報が正確さを欠いていると、実体験をもとにつづる。

彼らの大部分は、行政官であれ、宣教師であれ、商人であれ、普通の実際家につきものの、予断と偏見に満ちていた。当然とはいいながら、このことは、物事の客観的、科学的な見方を求める精神にとって、ひどく不快なものだった。民族誌学者にとって重大なことがらを自己満足の軽率さで扱う習慣、民族誌学者には学術的な宝物である、住民たちの文化的、心理的特徴や個性を低く評価する傾向――程度の低いアマチュアの書いたものによくあるこれらの特徴を、私は大多数の白人居留民のことばのなかに見いだしたのである。[*5]

マリノフスキの調査が軌道に乗ったのは現地で一人になってからだった。彼は民族誌的調査にふさわしい生活環境をこう記す。それは「白人の世界から自分を切りはなし、可能なかぎり現地住民と接触することにあり、彼らの集落のまっただなかにキャンプを張ってはじめて達成される」[*6]。

誰がどのような状況で情報を手に入れたのか。その環境の重要性は、世界中に質問票を送付して情報収集していたモーガンの時代にはほとんど意識されなかったことだ。

他者の「ものの見方」を体得する

大量の情報を収集するより、少ない事例でも、きちんとその文脈をおさえて情報の意味を把握すること。『未開人の心理における父』（一九二七年）で、マリノフスキは「一つの具体的実例についての詳細な研究は、いかなる思索よりも、よりよく、社会的、心理学的メカニズムを教えるものである」と明言している。[*7] 普遍的にみえる親族関係なども、文化によって異なる意味づけがなされていて、単純には比較できないからだ。

同書で、マリノフスキは自身が調査したトロブリアンド諸島の事例から、子どもの肉体をつくりあげるのは母親だけで、夫はその形成にまったく関与していないと考えられていると指摘する。子どもは母の体内でその血液からつくられ、出生後は乳で養われる。だから同じ母から生まれた兄弟姉妹は同じ肉体でできているとされる。

子どもからすれば、父親は母親と結婚して同居しているものの、血縁関係の点では「他人」だった。つまり、私たちが使う「父親」という言葉には、彼らにとってまるで別の含意があるのだ。

文化には、それぞれものの見方があり、親族名称などの一律の基準で世界中の文化を比較するだけでは他者の真の姿を理解することはできない。マリノフスキは、そこで人類学者に求められる姿勢について、「細部をうわっつらだけみて記載するのではなく、そのなかに現われる心的態度を見通す努力をしなくてはならない」と述べる。[*8]

従来の学術的な調査報告では、おもに対象社会の「骨組み」となる生活の規則や規制が描かれてきた。モーガンが収集した親族呼称のルールもその一例だ。もちろんそれも大切だが、そこにはじっさいの生活がどう送られているかという「血肉」がない。マリノフスキは、現実の人間生活は規則に厳密に従ってなされるわけではないと強調する。だからそれらの報告は「規則にたいする精密な定式化を行なっているのではあるが、まさにこの精密さそのものが、現実の生活とは無縁なもの」となってしまう。[*9]

そこで「参与」が重要になる。「民族誌学者も、ときにはカメラ、ノート、鉛筆をおいて、目前に行なわれているものに加わるのがよい」。[*10] マリノフスキ自身もそうすることで「住民たちの行動、彼らの存在のあり方が、まえよりもすっきりとし、容易にわかるようになった」という。これが人類学の「参与観察」というマリノフスキ以降、現代に至るまで人類学の基本となった他者理解の方法論だ。

マリノフスキは、人類学者がやるべきなのは「習慣と伝統によって規定された型どおりの面」と「実際にそれを行なうやり方」、そして「住民たちが心にいだいている行為への解釈」の三つをとらえることだという。規則や行為の裏にある心理状態や感じ方を理解するためにも、人びとの発言を現地語で逐一記録する必要がある。なぜなら人類学は最終的に「人々のものの考え方、および彼と生活との関係を把握し、彼の世界についての彼の見方を理解すること」を目指すからだ。それはこの世界が別様に生きられている現実に迫ろうとする姿勢だ。

> われわれは人間を研究しなければならない。人間のもっとも本質的な関心、いいかえれば、人間をつかんでいるものを研究しなければならない。文化が異なるにしたがって、価値はすこしずつ異なってくる。人々は異なった目標を追い、異なった衝動にしたがい、異なった形式の幸福にあこがれる。*11

マリノフスキが提示した他者理解の方法論は、いまもフィールドワークの授業で使えるほど、人類学の「基礎」となった。文化相対主義が人類学のあらたな潮流になりつつあった時代の変化も反映している。

だがそれはけっして揺るぎない「基礎」ではない。それどころか、何度も批判され、くり返し否定された末に、たくさんの条件つきで残されたエッセンスである。

2　揺らぐフィールドワーク

文化人類学の教科書では、いまもマリノフスキのフィールドワーク論が紹介される。彼が確立した「長期参与観察」は、人類学の調査法として一貫して重視されてきた。

しかし、マリノフスキの議論がすべて受け入れられたわけではない。前節で紹介したように、マリノフスキは社会の規則などの「骨組み」よりも、現実に人びとがどう感じ、考えているのか、個人の心理的側面から「血肉」を描き出すことを重視した。その視点は、同時代の人類学に大きな影響力をもったラドクリフ＝ブラウンの社会構造に注目する議論と真っ向から対立するものだった。[*1]

両者ともに、第三者の情報に頼らず、みずからフィールドにおもむき現地調査をする手法は共通している。だが、ラドクリフ＝ブラウンは個人の心理的要因といったあいまいなものではなく、むしろ社会関係からなる社会構造という「骨組み」をとりだそうとした。

他者理解の焦点は、「個人」ではなく、あくまで「社会」だったのだ。

同一の基準で社会構造を抽出すれば、異なる社会の客観的な比較分析が可能になる。この科学的手法を重視するラドクリフ＝ブラウンの社会人類学は、マリノフスキが指導した次世代の若い人類学者たちからも支持された。

多くの弟子が去ったあと、マリノフスキは一九三八年に渡米し、五八歳でこの世を去る。だが、マリノフスキのフィールドワーク論の最大の危機は、彼の死後に訪れた。

フィールドワーカーの真の姿

一九六七年、『言葉の厳密な意味における日記』という本が出版される。マリノフスキがニューギニアやトロブリアンド諸島で調査していたときに書いた日記だった。死後、研究室に残された蔵書や資料のなかから発見され、晩年に再婚した妻が保管していたものだ。

彼の母語であるポーランド語で記された『日記』には、フィールドでの経験や感情の機微が赤裸々につづられていた。これが大きなスキャンダルとなった。

不安に苛まれ、憂鬱な気分を晴らすために小説を読みふける。婚約者がいながらも、メルボルンで出会った女性への恋焦がれる思いに日々、悶々とする。日記には、みずからの抑えがたい欲情に葛藤し、感情の浮き沈みをくり返す生々しいフィールドワーカーの姿があった。

マリノフスキは『西太平洋の遠洋航海者』に「白人の世界から自分を切りはなし……」と勇ましいことを書いていた。なのに、たびたび白人居留者との交流を楽しみ、「ご婦人方」の魅力に心乱されることもあった。そして「彼の世界についての彼の見方を理解する」と言いながら、「原住民」にまったく共感できない心情も吐露している。

ゴメラウ〔人名〕からブワガウ〔邪術師〕やタウクリポカポカ〔悪霊〕について貴重な情報を得た。——同時に、彼の話に耳を傾けていられぬほどの嫌悪を覚える。彼が私に聞かせてくれる素晴らしい話のすべてが、心の内では要するに受けつけられないのだ。民族誌の一番の難しさは、これをいかに克服するかだ。[*2]

民族学に関して言えば、私は原住民の生活に対してまるで興味を持てないし、その意味を認めているわけでもない。その疎遠なことと言ったら、犬の生活も同然だ。散歩の間中、ここで自分がしなければならぬ事柄を肝に銘じ続けた。多くの具体的事実の収集にあたらねばならない。原住民の生活の概要はわかっているし、彼らの言葉もある程度覚えた。だからこうした事実のすべてを「記録し実証する」ことさえできれば、貴重な資料が得られることだろう。――自分の野心のために全精力を傾け、効果的に仕事をしなければならない。[*3]

「犬の生活も同然だ」と嫌悪感を覚え、「受けつけられない」と思いながらも、学者としての野心から調査に邁進する。そんなマリノフスキの姿は、フィールドワーカーが現地の言葉を学び、長期間生活をともにすれば、異文化を内側から理解できるという人類学の「神話」を崩壊させた。

ただし『日記』には、異国の地でフィールドワークを経験した者なら誰もが共感する記述も少なくない。

熱っぽいので床に入ったが、眠りが浅く、ほとんど眠れなかった。〔中略〕今朝は、全力を振り絞って熱っぽさに打ち克つ決意を固めた。小説も読むまい。怠け心も起こすまい。何をなすべきかを把握し、それを実行すること。準備万端整えて、それを完成させること。[*4]

今朝はタイナモ〔蚊帳〕の下に寝そべったまま、少しぐずぐずしていた。もうだいぶ長いこと、まともに眠ったことがない。〔中略〕仕事に戻らねば。そこで言語学に全力投球した。言葉をものにしなければ。ともかく、鉄は熱いうちに打てだ！[*5]

体調を崩し、不眠に苦しむ。孤独のなかで自分を見失いそうになりながらも、自身を鼓舞して現地語の習得に打ち込み、調査に集中しようともがく。その姿は、むしろ調査の障害となる邪念を払うために、日記にあらゆる邪念を書き連ねていたかのようでもある。それらの言葉には、長期参与観察という研究手法が、まさにフィールドワーカーの全身と全人格をかけた営みであることがにじみ出ている。

私的な日記の内容からマリノフスキの仕事を全否定することはできない。だが、ときに調査対象者を蔑むように「黒人《ニガー》」と呼び、苛立ちを隠そうとしないマリノフスキの姿は、人種差別や西洋中心主義を乗り越えて異文化を理解しようとしてきた人類学への期待を裏切ることになった。

そして追い打ちをかけるように、フィールドワークの内幕を暴露する、もうひとつの告発がなされた。それも一九二〇年代の著名な民族誌をめぐるスキャンダルだった。

本当に事実を把握できているのか？

フランツ・ボアズのもとで、ルース・ベネディクトとともに人類学を学んだマーガレット・ミード（一九〇一―一九七八）の『サモアの思春期』は、一九二八年に刊行されると、全米でベストセラーとなった。

当時、アメリカでは若者の抱える精神的な葛藤や非行の問題が関心を集めていた。ミードは、出版社からの要望で、サモアの研究からアメリカ社会が学ぶべきことを説明する二章を書き加えた。それは、異文化の他者を理解する人類学の研究が、自分たちの社会のあり方を問いなおし、よい方策を見いだすヒントとなりうることを示すものだった。

アメリカの若者は、社会のなかの相反するさまざまな価値観や規範に囲まれ、つねに自分の生き方を選択するよう迫られている。[*6] たとえば、友人が自由恋愛を謳歌しているのに、清教徒の両親はけっしてそれを認めない。そこで友人に同調すれば、両親を傷つけ、両親の求めに応じれば、仲間はずれになるかもしれない。そんな葛藤に引き裂かれる経験が思春期の若者を追い詰めている。

誰もが同じ規範や宗教のもとで暮らすサモアの若者は、相容れない選択肢や葛藤とは無縁だった。大家族に囲まれ、多くの大人たちとのゆるやかな関係のなかで育つ子どもたちには、アメリカのような親との密着した関係はない。若者は性的な自由を楽しみ、個性を尊重される気楽な思春期を過ごす。友人や恋人、結婚相手も、血縁関係にもとづく一定のカテゴリーから選ばれ、誰も重要な選択をするようせき立てられたり、押しつけられたりしない。

ミードのアメリカとサモアの比較は、思春期につきものの精神的な不安定さが、生物学的な要因にもとづくものではなく、文化によって決まることを示す証拠でもあった。だからこそ、私たちは異文化から学び、自文化を寛容で風通しのよいものに変えることができる。ミードのアメリカ社会へのやわらかな提言はそんな希望を抱かせてくれる。

ミードの死後、一九八三年に、この『サモアの思春期』を徹底して批判する書が刊行された。デレク・フリーマンの『マーガレット・ミードとサモア』だ。フリーマンは、多くの証拠を示しながら、ミードが実質的には二、三ヵ月のフィールドワークをもとに描いたサモアの若者たちの姿が誤解と偏見にもとづいていると主張した。

たとえば、サモア社会の特徴である性関係の気楽さは、親への強い愛着が生じない、おおらかな育児環境の結果だとミードは考えた。それに対し、フリーマンはサモアで幼児を母親から引き離す実験の結果をもとに反論する。[*7] そして、血のつながる母親への愛着は、文化的現象というよりも生物学的なもので、すべての人類に共通すると論じた。

ミードがサモアでは子どもたちは自由に自分の住む家を選ぶことができ、ひとつの家に継続的に住むことはないと述べていたことも、一九二〇年代をよく覚えている人への聞き取りや一九六七年に行った一〇八名の子どもの居住行動の分析をもとに否定している。[*8]

『サモアの思春期』では、若者のおおらかな性関係が強調され、少女はできるだけ奔放な恋愛を楽しみ、結婚を先延ばしにすると書かれていた。フリーマンは、この民族誌がこれほど人びとの関心を惹いたのは、ミードがサモアの思春期を自由恋愛の楽園として魅惑的に描写したからだと述べる。[*9] だが現実には、サモアでは歴史的に結婚のときに処女性が高く評価され、ミードが重大な問題とされないとした婚外の性交渉にも厳しい罰が科されてきた。

では、なぜミードはそんな決定的な誤解をしたのか。フリーマンは、ミードがサモア人家庭ではなく、アメリカ人移住者の家を寄宿先としており、サモア語の能力も不十分だったと指摘する。そこで一部の人の伝聞情報を鵜呑みにし、話の裏づけをとったり、行動の観察から情報の正しさを検証したりすることを怠ったというのだ。

フリーマンは、ミードの情報提供者たちは嘘をついて彼女をからかったに違いない、というサモア人の言葉を紹介する。サモアでは権威主義社会での息抜きとして、よく誰かをわざとだまして気晴らしするからだ。

さらに、その不徹底な現地調査の根底には、ミードがボアズやベネディクトとともに人間が文化によって決定づけられるとする文化決定論の「熱烈な信奉者」だったことが関係しているとフリーマンはいう。[*10] それは人間が生物学的要因に規定されるという人種主義を批判するために必要とされた議論でもあった。ミードは自分たちの教説の正しさを立証しようとするあまり、その信念に合わない事例を見逃し、都合のよい話だけを集めたというのだ。

フリーマンの本が出ると、ミードの教え子や娘であり人類学者のキャサリン・ベイトソンらが一斉に反論し、ミードを擁護した。[*11] だが、フィールドワークで本当に事実が把握できるのか、第三者による検証が難しい主観的で非科学的な手法ではないかという懸念は払拭しがたかった。

二つのスキャンダルは、フィールドワークにもとづく人類学の他者理解の方法への疑惑を深めた。だがそれは、一九七〇年代から八〇年代にかけて人類学全体を震撼させる「批判と実験の時代」の序章にすぎなかった。

3　存在論へ

文化人類学は、一九世紀末から少しずつ制度化されてきた「若い」学問分野である。だからこそ草創期には、一貫して人類文化を解明する科学としての地位を確立しようとしてきた。自分たちとは異なる他者を科学的に理解すること。それが、進化論者であれ、文化決定論者であれ、人類学の使命であり、学問の正統性の根拠だった。ところが一九六〇年代、人類学が自然科学と同じような科学であることに疑問が呈されるようになった。

その転回を主導したのが、ルース・ベネディクトやマーガレット・ミードの次の世代を代表するアメリカの人類学者、クリフォード・ギアツ（一九二六―二〇〇六）だ。

ギアツは、文化を「意味の網」ととらえた。[*1] 人間は、その自分自身がはりめぐらした意味の網にかかっている動物であり、人類学者の役割は、その意味を解釈することだ。それは普遍的な法則性を探究する実験科学とは全く異なる。ギアツはそう主張した。

この「解釈学的転回」ともいわれる潮流は、人類学のあり方を大きく揺るがした。人間の行為は意味を帯びた記号である。それはつねに現地の人によっても解釈されている。人類学者は、その人びとが読みとる意味をさらに解釈する。それは科学的な研究というより、文学作品を読み解いていく作業に近い。前節で紹介した二つのスキャンダルは、こうして人類学の「科学性」や「実証性」が揺さぶられるなかで起きた。人類学の他者理解はどのように変化したのだろうか?

文化を読みとる

人類学者が綿密なフィールドワークをもとに描く「民族誌的事実」は科学的に検証されうる「事実」ではない。ギアツは、その解釈は証明されない仮説にとどまり、つねに未完のものだという。それに「自然科学の実験に基づくような権威を与えるのは、単に方法論上のごまかしに過ぎない」[*2]。解釈とは、抽象的な規則性や法則をとりだすことではない。人類学者のやるべき仕事は、そこで何が起き、どう受けとめられているのか、具体的な脈絡をたどり、その意味を探る「厚い記述」をすることだ。

ギアツはマリノフスキの『日記』にも言及している。[*3]『日記』が提起したのは、人類学者の道徳上の問題ではない。それは住民の視点からものを見るときに、無理なく自然に理解できる〈近い＝経験〉と、学問的で専門的な概念という〈遠い＝経験〉をどう使い分けるか、という問題である。ギアツは言う。

〈近い＝経験〉だけに自己限定すれば民族誌学者は身近なものに流されて、卑俗な言葉で足がもつれることになる。〈遠い＝経験〉だけに自己限定すれば抽象の内にさ迷い、難解な専門用語の中で窒息することになる。[*4]

ギアツは、自身が研究してきたインドネシアのジャワとバリ、そしてモロッコの例をあげる。焦点は、人びとが自分自身を人としてどう定義するのか、どんな「自己」の概念をもっているのかだ。ギアツはそれぞれの場所で人びとが自分や仲間に対して用いる言葉やイメージ、制度、行動といった「象徴」の形態をもとに、それを分析した。たとえば、ジャワでは「内《バティン》」と「外《ライール》」、「磨き上げられた《アルース》」と「荒削りな《カサール》」という二つの対比が自己の概念をかたちづくっている。「内」は、経験の感知できる領界のことで感情生活全般を指す。「外」は、人間行動の観察しうる領界のことで目に見える動きや姿勢、会話などを指す。内なる領界では瞑想など宗教的鍛錬によって、外なる領界では事細かに定められた礼儀作法によってそれぞれ「磨き上げられた」状態が達成される。この静止させられた感情の内部世界と型にはめられた行動の外部世界とがはっきりと異なる二領域をなし、その二面性をもった自己が概念化されている。

イスラム化されたジャワが内省的な静かさをもつとしたら、ヒンドゥー教が存続したバリには華麗さや演劇性がある。バリの人びとは複雑な呼び名や称号の体系のなかに位置づけられ、その地位の役を演じている。人は私的な運命をたどる個人ではない。規格化された地位の類型を代表し、演じる存在なのだ。それは、人びとにもっとも〈近い＝経験〉としては「レク」という観念にあらわれる。舞台の上で「緊張する＝あがる」という意味だ。人びとは文化的位置によって要請される公の演技を演じ損ない、仮面の下にある個人性が表に出て、みなが居心地悪くなることをとても恐れている。バリの人びとにとって演劇的自己という感覚は、つねに守られねばならないのだ。

こうした「解釈」を現地の人が明確に意識しているわけではない。ギアツは「解釈」をするときに大切なのは、ローカルな文脈における細部である〈近い＝経験〉と、それを意味づける包括的な概念である〈遠い＝経験〉とのあいだを行きつ戻りつする「解釈学的循環」だと強調する。

マリノフスキの『日記』は、異文化に共感できない人類学者の姿をさらけだした。ギアツは、他者の主観性を理解し説明するために、そうした他者への感情移入や仲間意識はかならずしも必要ないとして、マリノフスキを擁護している。むしろ人びとの表現様式や象徴体系を読みとり、解釈する能力こそが重要なのだ。

ギアツの解釈人類学は、人類学に急旋回をもたらした。だがその旋回も、すぐにさらなる大きな渦にのみ込まれた。

文化を書くこと

一九八〇年代、人類学の歴史上、最大の危機が訪れる。批判と実験の時代の到来だ。従来の人類学が根底から批判され、それを刷新しようとする実験的試みが生まれた。

ギアツの解釈人類学は、この変革を呼び込む予兆でもあった。ギアツの著作から人類学を学んだ若い世代が議論の中核を担っていただけではない。人類学者が異文化を解釈すべきテクストとして読み解くように、人類学者の民族誌自体が検討すべきテクストとして再解釈されるようになった。もちろん、ギアツの著作も批判の矢面に立たされた。

一九八六年、この時代を象徴する二冊の本がアメリカで出版される。ジョージ・マーカスとマイケル・フィッシャーが書いた『文化批判としての人類学』、ジェイムズ・クリフォードとマーカスが編集した『文化を書く』だ。

『文化批判としての人類学』の冒頭、マーカスらは、人類学が陥った窮地を象徴する二つの論争をとりあげる。[*5] エドワード・サイードが一九七九年に出した『オリエンタリズム』、そしてフリーマンの『マーガレット・ミードとサモア』がもたらした論争だ。前節でとりあげたフリーマンのミード批判は、人類学者が書くものへの信頼を大きく失墜させた。さらに『オリエンタリズム』では、人類学者が異文化を研究することの正当性すらも否定された。

エルサレム生まれのパレスチナ人であるサイードは、西洋人が非西洋を描く「表象」に潜む権力性を告発した。異文化を理解し、表現する特権はもっぱら西洋人にだけある。アラブ人など非西洋社会の人びとは意見を述べる権利を剝奪されている。それは西洋による植民地主義的な「知」の支配がいまも継続していることを意味する。このサイードのオリエンタリズム批判は、西洋の人類学者が非西洋社会を研究し、その文化を書くこと自体が権力の行使に他ならないと断罪するものだった。

もはや異文化についての人類学の他者理解が科学的な正確さをもつ客観的で中立的な知識であると受けとめることは不可能になった。マーカスらは、こうした批判を乗り越えようとする実験的試みを検討し、文化の一貫性という前提が崩れ、多声性が重視されはじめたことを指摘する。

ときに矛盾をはらむような現地の多様な声は、これまで民族誌の作者という権威的な単一の声に従属させられてきた。実験的民族誌では、調査者と被調査者との対話にもとづき、人類学者の一方的解釈だけでなく、さまざまな声が提示されるようになった。

そんな実験的民族誌を書いた一人であるヴィンセント・クラパンザーノは、『文化を書く』で、ギアツのバリの闘鶏についての論文「深い遊び《ディープ・プレイ》」を痛烈に批判している。[*6]『深い遊び』の中には原住民の視点から見た原住民の理解など実は存在しない。あるのはただ、構築された原住民の、構築された視点から見た、構築された理解のみである」。[*7]人類学者は住民の後ろに隠れながら、理解のヒエラルキーの頂点に君臨してきたのだ。

文化を書くことには非対称な力関係が潜んでいる。それは同書でタラル・アサドが提起した「文化の翻訳」の問題でもあった。[*8]人類学者と調査対象者のあいだには「言語の力の不平等」が存在する。人類学者だけが異文化を科学的テクストに翻訳できるからだ。その書かれたテクストは、人びとの声よりも権威あるものとして歴史に刻まれる。アサドは、この「文化の翻訳」には避けがたく権力が入り込み、「汚されたものになりうる」と論じた。

こうした議論をふまえると、1章の最後に紹介したように、なぜラトゥールがレヴィ＝

ストロースを批判したのか、その背景がよくわかるだろう（本書四〇頁）。たとえどんなに理路整然とした理解を提示したとしても、それがいかなる他者との権力関係のもとでの言説かを意識していない議論はもはや受け入れられなくなったのだ。

人類学者が人類学者の仕事に苛烈な批判の言葉を投げかける。この自己批判の嵐は、一九九〇年代の日本の人類学界にも大きな波紋を広げた。私自身、そんな暗い時代に人類学を学んだ。人類学者は他者を理解できるのか。そのことへの懐疑は、その後よりいっそう深まっていく。

差異を真剣に受けとめる

他者理解はいかに可能なのか。この問いは人類学のなかでくすぶりつづけた。二〇〇〇年代に入り、それに明確な立場を提示したのが「存在論的転回」と呼ばれる潮流だ。その嚆矢《こうし》となった二〇〇七年の論集『ものを通して考える』で、編者のアミリア・ヘナレらは、他者の見解をあるがままに尊重し、固有の存在論として受けとめるべきだと提唱した。[*9] それは他者を西洋的な概念で理解可能なものとして安易に解釈すべきではないという立場だ。ギアツの「解釈学的転回」から半世紀もたたないうちに人類学は真逆の立場に至った。これが「認識論」から「存在論」への転回である。

たとえば、自然の動植物に関する人びとの知識について、従来の人類学では、それを「文化」や「信念」の違いとして扱ってきた。そこには、単一の客観的な自然があり、それへの世界観＝文化だけが違うという前提があった。文化を現実への異なる「認識」ととらえると、現実を誤ってとらえている認識とより現実に近い認識があることになる。そのうち現実をもっとも客観的に認識しうるのが「科学」となる。その視点は、人類学者にはよりよく他者を理解し、解釈する特権があるという見方につながる。ヘナレらは、そうした見方を克服するには、文化の違いを認識の差異とみなして「翻訳」するのではなく、そもそも異なる存在論のもとにある「他性」として真摯に扱うしかないと主張した。それが「差異を真剣に受けとめる」という態度だ。

キューバの占い師が「粉は力だ」と言うとき、それを「ただの粉だ」とか、キューバに特異な「認識」や「概念」があるととらえてはいけない。まずはその言明どおりに、自分たちの世界の「粉」とは異なる「粉」や「力」が存在する別の世界を前提として考える。そうすれば、それは人類学者によって安易に説明されたり、解釈されたりすべきものではなくなる。人類学者は、人びとがやっているように世界を想起するにはどうすべきか、自分たちが頼ってきた概念や信念を疑い、考えなおす必要に迫られる。

つまり、人類学者がなじんできた既存の概念に彼らの世界をあてはめるのではなく、異なる存在論をもった世界を見出すために、あらたな分析的概念をもう一度つくりなおす。それが人類学のやるべき仕事になる。「粉」についての異なる認識や概念があるのではなく、異なる「粉」が異なる諸世界を制作している。ヘナレらは、こうした存在論的転回の試みを「物のなかに異なる諸世界を見いだす」と表現する。*10

二一世紀の人類学に衝撃を与えた存在論的転回は、人類学の他者理解への道のりをふたたび振り出しに戻した。「他者理解はいかに可能か?」という問いは、「そもそも他者理解など可能なのか?」という問いへと後退した。この存在論的人類学には批判もある。それは現在の人類学が到達した「答え」ではない。模索はつづいている。その現在進行中の議論には、最後の旋回でまた戻ってこよう。

3章　人間の本性とは？

1　社会から個人へ

人類学は、異なる他者を理解する学問として発展してきた。その根底には、人間とはそもそもどんな存在なのか、人間にはどういう本性があるのかという問いがあった。三つめの旋回では、この「人間の本性」をめぐる論争に注目したい。

人類学という学問がまだ存在しなかった時代の話からはじめよう。一七世紀の思想家トマス・ホッブズ（一五八八―一六七九）は、人間は自然から心身の諸能力を平等に与えられたがゆえに、自己保存という目的のために互いに争いあう性質があると説いた。[*1] 争いで生き残るには、相手を滅ぼすか、屈服させ、支配しないといけない。

ホッブズはこの人間の争いあう傾向には、競争、不信、自負という三つの原因があるという。[*2] 獲物を手にするために競争する。他者から自己の安全を脅かされると不信をもつ。相手よりも優位な名声を得ようとする自負。これらがいずれも人を暴力による侵略へと向かわせる。

だからこそ、主権国家のようなすべての人を畏怖させる共通の権力がないと、人間は互いを敵とみなし、戦争状態に陥る。ホッブズは、当時の限られた情報をもとに、その戦争状態がアメリカ大陸の先住民のあいだにみられるとして、「野蛮人」の数少ない実例に言及している。この人間観はいまなお影響力をもつ。

国家をもたず、文明化していない「野蛮」な自然状態から人間の本性があきらかになる。のちに「未開社会」を研究する学問としてはじまる人類学の原点にも、その前提があった。人類学は、この「人間の本性」という問いにどう向き合ってきたのだろうか。

「野蛮人」のモラル

人間は自己保存の欲求だけにもとづく存在なのか。それは人類学がくり返し挑んできた問いだ。二つめの旋回でも主人公の一人だったマリノフスキからはじめよう。
マリノフスキは、『西太平洋の遠洋航海者』でニューギニア東部の島嶼《とうしょ》部で行なわれている「クラ」という贈り物の交換の詳細な報告をした。[*3]
言葉も文化も異なる島々に贈り物を交換するパートナーがいて、赤い貝の首飾りと白い貝の腕輪という二種類の宝物を贈り合っている。首長など社会的地位が高いと、数百人ものクラのパートナーが他の島々にいた。

受けとった宝物は、しばらく手元においたあと、かならず別の島のパートナーに贈らなければならない。宝物を保有しつづけることは許されない。それぞれ宝物を贈る方向が決まっているため、島々のあいだで首飾りは時計回りに、貝の腕輪は反時計回りに循環しつづける。

クラの交換相手とは二種類の宝物を贈り合うだけでなく、さまざまな相互的義務を負った。他の島のパートナーが訪ねてくれば、客人として歓待し、安全を確保し、食物や贈り物を与えなくてはならない。互いの島の産物も取引する。その義務と奉仕の関係は生涯にわたってつづいた。

マリノフスキは、こうしたクラのやりとりから、「野蛮」とされてきた人びとについての通説を批判している。それは「つかんではなすな」という原理が「野蛮人」の生活を支配しているという考え方だ。彼らは我欲だけにもとづいて行動し、いったん手にしたものは誰にも渡そうとせず、道徳的な義務や慣習に縛られることはない。その人間像はまったく正反対だとマリノフスキは強調する。

クラで贈り物を交換する人びとも、物を手に入れたいと願い、それを失うことをきらう。だが受けとったら、お返しをするという社会的な掟がより強い力を発揮している。物の所有者は、つねに人とそれを共有し、分配することを期待されていて、身分が高いほど、その義務も大きくなる。そこには気まえのよさこそが善で、けちは最大の悪だという道徳が明確にある。それは所有の観念をもたず、すべてがみんなのものになる「原始共産制」とも異なる。むしろ彼らにとって所有するとは、与えることだった。

マリノフスキが描く慣習や道徳に従う人間像は、物質的利益しか念頭にない功利主義的な見方への批判でもあった。

〔本書の説明は〕自分のもっとも素朴な欲求を満足させることのみを欲し、最小限の努力の経済法則によってそれを実行しようとする、合理主義的な人間として未開人を考えることへの批判である。[*4]

このマリノフスキの立場表明は、その後、長い間くり返されていく人間の本性をめぐる論争の先駆けだった。

「平和」をつくる贈与の人類学

国家をもたない人びとが独自の高度な相互信頼と商業道徳にもとづく贈り物のやりとりをしている。このマリノフスキのクラの研究を含め、世界中の事例から贈与経済の特徴を通文化的にあきらかにしたのが、いまも大きな影響を与えつづけているフランスの人類学者マルセル・モース(一八七二―一九五〇)だ。

モースの『贈与論』(一九二三―二四年)は、ホッブズが強力な主権国家の存在によってしか実現しえないと説いた「平和」が、そうした支配権力がなくても、人間集団間の贈り物のやりとりによって達成されることを示した。だがそれは「未開人」が平和を愛する人たちだったからではない。

モースは、集団間の贈り物の交換をさまざまな義務をともなう「契約」としてとらえた。契約の主体は、個人ではなく、あくまでも出自や言語などで区切られる集団だ。

交換されるものには、財や富にくわえ、礼儀作法にかなったふるまい、饗宴、儀礼、軍務、女性、子ども、踊り、祝祭、祭市などがあった。[*5] そこには、与える義務、受けとる義務、返礼する義務という強固な相互的義務があり、義務を果たせなければ、戦争になるほどであった。

与えるのを拒むこと、招待し忘れることは、受け取るのを拒むことと同様に、戦いを宣するに等しいことである。それは、連盟関係《アリアンス》と一体性《コミュニオン》を拒むことなのだ。[*6]

モースはこの相互の給付義務の体系を「全体的給付の体系」と呼んだ。その純粋な例がオーストラリアやアメリカ北部の民族の集団間にみられる「連盟関係」だ。各集団は、儀礼や結婚などさまざまな場面で協力する。この協力関係の背後にあるのは、競合と敵対の原理だった。

その代表例がアメリカ北西部先住民の「ポトラッチ」だ。この地域の人びとはとても豊かで、冬になると宴会や祭市や取引といった祝祭に明け暮れる。そのとき、それぞれの集団は、相手が返せないほどの富や財を贈り合う。受けとった集団は、相手を上回る返礼ができなければ、面子を失い、従属的な地位におかれてしまう。なんとか相手を凌駕し、その豊かさを見せつけようと、ときには蓄積していた毛布や銅製品といった財産のかぎりを破壊することもあった。

こうした贈与交換は、メラネシアやパプア地域にもみられる。当然、クラも島の名誉をかけた一大ポトラッチだ。さらにプレゼントのやりとりで見栄をはり合う程度の穏やかな贈与交換を含めれば、世界中に実例を見出すことができる。

モースの描く贈与交換には、ホッブズにも通じる人間像がある。だがその帰結は真逆だ。人間には他者よりも優位に立ちたいという欲望がある。だがその争いあう傾向があるからこそ、相手からの贈り物に返礼できないような恥ずべきことはしないのだ。「未開」とされてきた人びとは、潜在的な競合と敵対の関係を集団間の贈与交換という契約によって連盟の関係におきかえてきた。「未開社会」の贈与交換は暴力的戦争を回避する手段だったのだ。

理性を感情に対置すること。平和への意志を、上に述べた類の突発的な狂乱に対置すること。どの民族もこうすることによって、戦争と孤絶と停滞にかえて連盟と贈与と交際を得ることができるのである。[*7]

このモースの古典的名著が提示した人間像は、かならずしもそのまま受容されていくわけではない。そこには隆盛する経済学への接近があった。

個人の欲求と選択

一九世紀末からめざましい発展をみせた経済学は、人類学にも少なからぬ影響を与えた。それは人類学が科学としての地位を確立しようとした時期とも重なる。人間とはどのような存在か。それに対する経済学の理論は、きわめて明快で科学的な一般性もあった。それまで事例研究の側面が強かった人類学は、経済学と接近することで、人間の本性に関する普遍科学への道を歩もうとした。そこでふたたび前景化するのが、マリノフスキが批判した経済的な利害に応じて合理的にふるまう人間像だ。

第二次世界大戦後、多くの植民地が独立して近代化を進めようとするなかで、「未開社会」の研究という立場は時代遅れになりつつあった。人類学は「未開人」の研究から普遍的な人間性の探究へと舵を切りはじめた。

アメリカのコロンビア大学でフランツ・ボアズに人類学を学んだメルヴィル・ハースコヴィッツ（一八九五―一九六三）は、一九四〇年に『未開人の経済生活』として出版した本を一九五二年に『経済人類学　比較経済学の一研究』と改題して出した。序文で、ハースコヴィッツは、通信技術が急速に発達し、多様な諸文化が世界の舞台に統合されるなか、野蛮で遅れているという軽蔑的ニュアンスのある「未開」という言葉はもはや適切ではなくなったと述べている。[*8] 国家や文字をもたない人びとは、人間の普遍的性質を検証する比較対象の一つとなったのだ。

この本で、ハースコヴィッツは、経済学の基本である希少性の原理について、人類学の立場からその多様なあり方を提示している。人間の欲求に対して資源や財はつねに不足する。その希少性こそが経済的価値や選択を生み、経済的に行動する（economizing）人間の傾向性を支えている。人類学の研究は、この経済学が前提とする人間の欲求やその充足が文化的にも規定されていることを示してきた。

ハースコヴィッツは、人類学が文化や社会の現象として扱ってきた事例を経済学の概念を用いて説明できると考えていた。たとえばモースの研究した儀礼的な贈与交換は、欲求や必要を満たすための希少な財やサービスの流通や配分としてとらえられる。経済学の概念をとり入れることで、人間性についての一般理論が目指されたのだ。

こうした視点は、同時代の人類学者にも共有されていた。ニュージーランドのオークランド大学で経済学の修士号をとったあと、マリノフスキのもとで人類学を学んだレイモンド・ファース（一九〇一―二〇〇二）もその一人だ。彼はソロモン諸島のティコピア島での調査などをもとに、マリノフスキやモースによって描かれてきた贈与交換について批判的に検討している。[*9] たとえば、モースが贈与交換を集団間の全体的給付の体系とみなしたのに対し、ファースはティコピアでは個人間でも贈与のやりとりがあると指摘する。そこにはある種の利害の計算が働く。与える、受けとる、返礼するという義務も、その義務に従うべきか個人に選択の余地があり、実際の行動には相手との関係や必要性などに応じて不確実性や幅があった。

こうしたファースの議論は、これまで文化相対主義的な研究のなかで、もっぱら文化や社会を集合的にとらえてきた人類学を経済学と同じく個人を起点にとらえなおす試みでもあった。個人を重要な分析単位とすることで、「未開社会」から現代の産業社会までを同一の枠組みで分析することが可能になった。

人間の本性は、未開の自然状態にあらわれるのか、文化や社会に埋め込まれているのか、個人の欲求や選択のうちに見出されるのか。この立場の違いは、さらなる大きな論争へとつながっていく。

2　形式主義と実体主義

人間にはどんな本性があるのか。この問いをめぐって人類学は経済学と接近してきた。マリノフスキが批判した、最小限の努力で自分の欲求だけを満足させようとする合理的個人という見方。それはホモ・エコノミクスという、まさに経済学が提示してきた人間像だった。

この経済学が依拠する普遍的な人間像は、市場という制度が中心にある西洋近代に特異なものにすぎない。そう論じたのが、ウィーン出身の経済史家で経済人類学を確立したカール・ポランニー（一八八六―一九六四）だ。ポランニーは、現在のように需要・供給・価格がひとつのメカニズムとして機能する市場経済は一九世紀に発明されたものだと指摘した。[*1] それ以前の経済活動は社会に埋め込まれていて、人間が物質的欲求という経済的動機だけにもとづいて行動することなどなかった。

経済学は経済的合理性に人間の本性をみいだす。だがその経済的要因が文化に影響を与え、社会のあり方を決定づけるのは市場経済においてだけである。このポランニーの主張は、人類学が研究してきた市場経済のない社会には経済学の理論はあてはまらないことを意味した。前節で紹介したハースコヴィッツなど経済学の概念を援用する人類学者への批判でもあった。

人間の本性は文化をこえて共通しているのか、それとも文化によって多様なあらわれ方をするのか。経済学が前提とする経済合理的な人間像は、普遍的な人間の本性なのか、市場経済化した近代社会にだけ特有のものなのか。こうした論点が、二〇世紀後半の人類学における大きな争点になっていく。

「経済的《エコノミック》」の意味

ポランニーの議論をもう少したどっておこう。ポランニーは、「経済的《エコノミック》」には、二つの意味が含まれていると指摘する。[*2] ひとつは、目的に対して手段が希少であるところから生じる「経済化」や「経済性」という意味。新古典派経済学の理論はもっぱらこの形式的な定義に依拠してきた。もうひとつは、人間が他のあらゆる生き物と同じく、自然環境や仲間に依存しないと生きていけないという意味で、人間と環境との制度化された相互作用を重視する立場。一般に前者を形式主義、後者を実体主義と呼ぶ。

形式主義に依拠する経済学は、希少性という目的と手段との関係から生じる形式的な意味が人間の普遍的な本性にねざしていると考える。そこでは、つねに不足する財をいかに配分するか、個人がいかなる選択をするかが焦点となる。それに対し、人間と環境との実体的な関係をとらえようとするポランニーなど実体主義者は、さまざまな環境や社会における制度的な多様性に目を向けてきた。

ポランニーは、物質的な欲求の充足を希少性と結びつけた形式主義の最初の宣言が、ホッブズの『リヴァイアサン』だったと指摘する。[*3] 自己の欲求という目的を満たすための手段が不足しているからこそ、人間は互いに争いあう。そこには、みんなに行き渡るものは何もないという確信があった。形式主義的な経済学は、この前提のもとで、市場において充足される個人の欲求と必要に着目し、個人の功利的な価値尺度のみを考察の対象としてきたのだ。

実体主義者も人間が物質的な欲求を満たそうとする存在であることを否定しているわけではない。しかし、それを単純に人間の本性だとはとらえていない。ポランニーは、人間が欲求を満たそうとするときの人間と環境の相互作用と、その過程の制度化に注目する。

いかにある場所を占有し、労働し、移動するのか。そこからどのように物を運び、取引や処分によって人とやりとりして、物の「持ち手」を変えていくのか。人間は個人の欲求の充足だけにとどまらない多様な「制度」をつくりあげてきた。

ポランニーがとくに重視するのが、互酬、再分配、交換という制度化された物の移動である。[*4] 互酬性は、一つ以上の軸にそって対称的な集団を結びつける財やサービスのやりとりだ。モースが『贈与論』でとりあげた集団間の全体的給付の関係をイメージするとわかりやすい。再分配は、中央に向かう動きとそこからふたたび外に向かう動きで、交換は、任意の点と点とのあいだの双方向の物の移動である。

これらの物の移動はそれらを統合し、支える構造にねざしている。互酬性は、二つ以上の対称的に配置された集団の存在を前提とする。再分配は、あらかじめ中央の確立なしには起こりえない。交換も、市場のような制度的パターンによって可能になる。いずれも、個人の内的な欲求ではなく、その動きを可能にする制度的な構造が不可欠だ。個人か、制度か。この注目点の相違が論点となってきた。

始原のあふれる豊かさ

ポランニーが明示した形式主義と実体主義の区別をもとに、実体主義の立場から論戦に加わったのが、アメリカの人類学者マーシャル・サーリンズ（一九三〇—二〇二一）だ。サーリンズは一九七二年の『石器時代の経済学』で、形式主義が依拠する「希少性」の概念を人類学の知見から批判した。[*5] それが、狩猟採集社会は「始原のあふれる社会」だという有名な議論だ。

従来、人類学者も、狩猟や採集に依存する生業形態では、人びとはつねに飢えに脅かされていると考えてきた。「その技術的無能力のゆえに、生きのこるためにはたえまなく働かざるをえず、一刻の休息もなければ剰余もなく、したがって《文化を作りだす》ための《余暇》もあたえられていない」[*6]。それが一般的な見方だった。この見方は、人類が農業を発明して技術的発展を遂げ、余剰生産物や余暇を手に入れたという進化論の根拠でもあった。

サーリンズは、こうした狩猟採集社会の経済資源を希少だとみなす視点が、ハースコヴィッツの『経済人類学』が出た一九五〇年代までは人類学に共通の慣行だったと指摘する。そして最新の研究では、それとは正反対に、狩猟採集民が物質的欲望をたやすく充足できる豊かな社会であることがあきらかになったと論じた。

たとえば一九六〇年代に調査されたカラハリ砂漠のドーブ・ブッシュマンたちは、週に二日ないし一日半、一日平均二時間九分の労働で生存に必要なカロリーをこえる食物を獲得していることがわかった。それはブッシュマンの男一人の狩猟採集活動で四〜五人が扶養できることを意味する。サーリンズは、この数字が第二次世界大戦までのフランスの農業よりもはるかに効率的だったと指摘し、調査を行なったリチャード・リーの言葉を紹介する。

食物資源は、「種類も量もたっぷり」あり、とりわけエネルギー値のたかいマンゲッティの実は、「非常に豊富だったので、何百万もが、毎年、拾われることなく、地上で腐っていた[*7]」。

サーリンズは、オーストラリアのアボリジニなど各地の狩猟採集民の研究事例を参照しながら、「希少性」が人間の本性と結びつくという見方に根拠がないと論じた。移動生活にとって、備蓄や貯蔵は重荷でしかない。なので、狩猟採集民は必要以上に働いて余剰を貯め込もうとはしない。外部者はそれを「貧しさ」だと感じる。だが、狩猟採集社会では欲求自体が低く抑えられていて、欲求をみたす以上の食物などの資源が周囲にありあまっていた。つまり、目的に対する手段の希少性という形式主義の基本原理が成り立たないのだ。むしろたえず物質的欲求をかきたてられ、誰もがそれを完全には充たせない市場化された現代こそが希少性と貧困の時代なのだとサーリンズはいう。

サーリンズの議論は、人間の本性の普遍性を強調する形式主義に対する決定的な批判のように思える。だがその後も、同様の論争が人類学の内外でくり返された。

モラル・エコノミー論争

形式主義者と実体主義者の代表的な論争が、アメリカの政治学者ジェームズ・スコットが一九七六年に出した『モラル・エコノミー』をめぐるものだ。スコットは、同書でビルマやベトナムといった東南アジアの農民反乱の分析から、その行動原理を描きだした。[*8] それは新古典派経済学が唱えるような「利潤の極大化」ではなく、安定した生存の維持を確保しようとして危険を回避する「安全第一主義」だった。

利益を最大化するよりも、生き延びるための最低所得を確保する。だから農民たちが激しく反抗するのは、豊作の年の四〇%の小作料ではなく、不作の年の二〇%の小作料だった。スコットは、この伝統的な慣習にもとづく生存維持の倫理を「モラル・エコノミー」と呼んだ。その関係は村落内部だけではなく、外部のエリートとのあいだにも築かれていた。村の全員が村内の資源に依存して生活を維持する権利をもつと同時に、外部の支配者層も農民の生活が脅かされたときには最低保障を供与する義務を負った。

東南アジアの農民たちは、いったいどのように自分たちの世界をとらえているのか。スコットの議論には、普遍的な人間の本性をもとに人びとの行動を説明するのではなく、その土地の価値観や慣習をもとに理解する実体主義的な姿勢が貫かれている。農民たちは自分の所得を減らしてでも、安全な技術を選び、経済的危険を避けようとする。それらは村の階層関係や人間関係、地主への小作料や国家による徴税への態度にもあらわれていた。こうした実体主義の視点は形式主義者から痛烈な批判を招いた。

その批判の急先鋒が、一九七九年に『合理的農民』を出したサミュエル・ポプキンだ。スコットと同じくアメリカの政治学者であるポプキンは、ベトナム農村でのフィールドワークをもとに「モラル・エコノミー」の議論の誤りを徹底的に指摘し、みずからの立場を「ポリティカル・エコノミー」として提示した。*9

農民行動をその土地にねざす「モラル」として解釈することは、産業化以前の農民生活をロマン化しているにすぎない。ポプキンはそう論じて、モラル・エコノミストたちの議論が、植民地支配や市場の拡大といった変化に人びとがどう対応してきたのか、その理解を妨げると主張した。農民たちは、たんに生存レベルを維持しようとしているだけではない。生活水準を向上させようと個人が自己利益にもとづいて合理的に判断して行動してきた。そのために、リスクをとって長期的・短期的な投資もしている。

その投資のロジックは、市場交換だけでなく、農民間の関係にもあらわれていて、個人と集団の利害の対立に影響を受けている。ポプキンに言わせれば、スコットが生存維持を確保する倫理的な共同体とみなした村落も、利益を追求する企業体としてとらえるべきで、支配者層も農民の庇護者というより、みずからの利益のために独占状態を維持しようとする独占主義者にすぎなかった。

反乱の原因についても同じだ。スコットは、農民反乱を資本主義への抵抗として、前資本主義的な生存維持の倫理にもとづくものだと論じた。しかしポプキンは、それは旧来の倫理的関係を守るためではなく、むしろそれを刷新しようとする動きであり、個々人が集団の利害との対立のなかで合理的に判断した結果だと考えた。

このポプキンの議論は、市場経済や資本主義が伝統的な農村共同体を危機に陥れるというモラル・エコノミーの主張に対し、むしろ市場経済化や国家による統治の拡大が農村の発展に寄与するという主張でもあった。

スコットもポプキンも政治学者だが、彼らの調査手法や対象が人類学と重なることもあり、モラル・エコノミー論争は、人類学者を巻き込む一大論争となった。この実体主義者と形式主義者の批判の応酬は、一九八〇年代以降、急速にしぼむ。双方が依拠してきた前提そのものが大きな変化にさらされたからだ。

3　近代への問い

人間は、自己利益のために合理的に計算する本性をもつのか。それとも、文化や慣習といった社会制度にそって生きているのか。いったい人間はどんな存在なのか。この問いは、ずっと人類学の論点となってきた。

「未開社会」の経済についての人類学的研究は、経済学が前提とする形式主義的な人間像を批判した。市場経済化した近代社会の理論を市場経済化していない社会にあてはめることはできない。この実体主義の立場を鮮明にしたポランニーによって、経済人類学は大きな発展をみせた。

だが一九八〇年代、経済を研究する人類学は大きな岐路に立たされる。そもそも市場経済化した近代社会と市場経済化していない前近代社会という区別は、ほんとうに妥当なのか。そんな疑問が浮上したからだ。

マリノフスキが「原始経済」に対する功利主義的な偏見を批判したように、「未開社会」の学としての人類学は、近代社会を前提に人間をとらえる経済学などに対して、つねにそれを相対化する議論を提起してきた。近代文明批判の旗手として、西洋近代とは異なる選択肢《オルタナティブ》を示す。それが人類学の重要な使命でもあった。

ところがこれまでの章でも見てきたように、西洋の「近代社会」と非西洋の「前近代社会」といった対比的な見方は、一九八〇年代には維持できなくなっていく。

近代と前近代／西洋と非西洋という二分法

ポランニーは、一九世紀にヨーロッパで市場経済化が進み、土地・労働・貨幣が商品化されたことで、それまで社会に埋め込まれていた経済がはじめて社会関係から切り離され、自律的に動く自己調整的市場が誕生したと論じた。[*1]

市場経済化していない社会では、人間は物質的な財を手にするという個人的利益を守るために行動したわけではない。みずからの社会的地位、社会的権利、社会的資産を守るために行動した。社会的な目的にかなう限りにおいて、人は物質的財に価値を認めた。「社会に埋め込まれた経済」とは、そうした状況を指している。市場経済化は、それまで社会に従属してきた経済を解き放ち、社会の側がその自己調整的市場に左右されるようになった。ポランニーは、それを歴史上まったくあらたに生じた事態として、市場経済化以前と明確に区別した。

モラル・エコノミー論も同様だ。ジェームズ・スコットは、農民反乱を資本主義への抵抗ととらえ、前資本主義的な生存維持の倫理にもとづく農民の行動原理をモラル・エコノミーとして、経済学とは異なる人間像を提示した。[*2] そこでも資本主義化や産業化の前後に断絶があることが前提とされた。しかし、こうした二分法はやがて時代遅れになり、「人間の本性」をめぐる論争も下火になっていく。

二つめの旋回の最後にふれた一九八〇年代の人類学の転回について、もう一度、おさらいしておこう（2章）。エドワード・サイードのオリエンタリズム批判をはじめ、この時期に問題視されはじめたのは、異文化を自分たちとまったく異なる本質をもつ他者として描くことの権力性だった。

西洋の人類学者が非西洋社会を異質な他者として描く。それは、アラブ世界をヨーロッパより劣った存在とみなす否定的な表象も、近代文明を批判するために「未開社会」を別の可能性としてとらえる表象も同じだ。いずれも西洋社会が非西洋社会を一方的に解釈する権力関係に根ざしている。もはや「未開社会」をあたかも近代とは違う固有の本質をもつ社会として静態的に描くことはできない。それがあらたな時代のスタンダードになった。

近代社会と前近代社会をまったく異なるものとして描くことが適切ではないとしたら、「未開社会」を研究してきた人類学はどう変化するべきなのか。この問題意識は、一つめの旋回の最後にふれた「科学人類学」による近代と前近代の二分法への批判とも重なる（1章）。ラトゥールが論じたように近代と前近代とのあいだには「分水嶺」はない。だとしたら、自分たちはそれまでとは異なる社会に到達したと思い込んでいる西洋人の自意識そのものを問いなおさなければならない。その姿勢が現代人類学のあらたな潮流を生みだしていく。

贈り物と商品を連続的にとらえる

一九八〇年代、経済人類学が新展開をとげる画期的な論集がいくつか出版された。代表的な一冊が、アメリカの人類学者アルジュン・アパドゥライが編者となった『モノの社会生活』（一九八六年）だ。[*3] その序論でアパドゥライは、市場で交換される「商品」は近代化や産業化した社会の独占物ではないという主張を展開している。

ポランニーは、本来、商品にはなりえなかった自然物である土地、人間そのものである労働力、交換媒体にすぎない貨幣までもが商品化されたことを市場経済化の重大な変化ととらえていた。またマルクスが『資本論』の冒頭で商品概念について入念に検討したことから、多くのマルクス主義者は商品を資本主義的な生産様式の典型だとみなしてきた。アパドゥライは、そうした「商品」をそれ以外のモノと峻別する見方を批判し、贈与交換などさまざまなモノのやりとりを連続性のなかでとらえようとした。

生産物が「商品」となるのは、歴史的な一方向への変化の結果ではない。いつどんな社会でも、モノが商品になったり、贈り物になったりする。マリノフスキやモースをはじめ多くの人類学者が注目してきた「贈与」も、広い意味では商品循環の特定の一形態である。それは、贈与経済に依拠する「未開社会」と商品経済に依拠する「資本主義社会」という二分法による分析を拒絶する立場だった。

アパドゥライはアメリカで一九世紀半ばに発展したシカゴの先物取引所を例に挙げ、そこにマリノフスキが描いたクラ交換との興味深い共通点を指摘する。

両方の事例でもっとも重要なのは、そこに敵対的で、ロマンティックで、個人主義的

で、ゲーム的なエートスがあり、日常の経済行動のエートスとは対照をなしていると
いうことである。[*4]

アパドゥライはこう述べて、クラ交換と先物取引に参加する男たちが、みずからの名声と評判のために、熾烈な競争と努力にとり憑かれていると論じた。

人類学が分析する対象は、もはや遠く離れたエキゾチックな場所だけではない。西洋近代と非西洋社会の差異を強調するのではなく、それらを連続的に人類学理論の射程に入れる。それは多くの「未開」とされてきた社会が近代化の波にのみ込まれるなかで、当然の帰結でもあった。

一九八〇年代のもうひとつの重要な論集が、ともにロンドン・スクール・オブ・エコノミクスにいたジョナサン・パリーとモーリス・ブロックが編者をつとめた『貨幣と交換のモラリティ』（一九八九年）だ。パリーらはその序論で、アパドゥライと同じく、もはや「貨幣経済」と「非‐貨幣経済」、「近代社会」と「伝統社会」、「資本主義社会」と「前‐資本主義社会」、「商品経済」と「贈与経済」といった二分法はとれないと論じている。[*5]

資本主義化や市場経済化していない社会でも、貨幣や商品交換は重要な役割を担ってきた。パリーらはこの二分法の背後にあるイデオロギーの存在をこう指摘する。

多くの人類学者が見出してきたような贈与交換と商品交換が立脚する原則のあいだの根本的な対立は、ある意味でわれわれの贈与のイデオロギーが市場交換に相反するものとして構築されてきたためである。純粋に利他的な贈与という観念は、純粋に利己的で功利主義的な交換という観念とコインの裏表の関係にある。[*6]

「未開」とされた伝統社会が、かならずしも貨幣を介した商品交換や市場経済と無縁だったわけではない。人類学が依拠してきた二分法は、人類学者の側の贈与と商品との対立的イデオロギーを反映してきたものだった。

形式主義と実体主義との論争では、前資本主義の社会に自己利益を最大化する個人が存在するかどうかをめぐって論争がつづいた。パリーらは、どんな社会でも、個人の短期的な利益を強調する領域と、より長期的な社会関係や秩序の永続性を強調する領域というイデオロギー的な対立は見出しうるのだと論じた。

「貨幣」は、市場的な交換だけでなく、長期的な関係を築くための「贈り物」としてモラルの領域で使われることもある。短期的な個人の利益か、社会的な価値かというジレンマは、どんな社会でも状況に応じて生じ、交渉されているのだ。

西洋社会と非西洋社会を対比的にとらえて比較する。そうした従来の視点とは異なる人類学が動きはじめた。

すべての経済は社会に埋め込まれている

パリーらの論集と同年に出された経済人類学の概説書の序論で、編者のスチュアート・プラトナーは、「経済」をとらえる人類学のあらたな視点を整理している。[*7] ポランニーは市場経済化以前の経済は社会に埋め込まれていたと論じた。だがプラトナーは、そもそもすべての経済は社会に埋め込まれているのだという。

ふつう米国のような先進国の経済は「完全に合理化されている」と考えられている。経済的領域は社会や宗教や政治の領域から切り離されていて、それ自体の純粋な経済的論理に従っているとみなされる。しかしそれは誤りだ。プラトナーはそう述べて、次のような例を挙げる。

たとえば、一九六〇年代に米国がキューバから砂糖の買付けを停止した理由は政治的なもので、経済的なものではないし、一二月末に小売り業が活発になるのは、経済的な理由ではなく、宗教的な理由からだ。カリフォルニア州でマリファナが最大の換金作物のひとつであるという事実は、経済的な重要性とともに、社会的な重要性からでもある。[*8]

経済的な行動や制度は純粋に経済的要因だけをもとに分析することもできる。だがそれは、たんに関連する非経済的要因を無視しているにすぎない。このプラトナーが提示する視点は、アパドゥライが論じたように、人類学が「未開社会」の研究で培ってきた概念や理論が産業化された近代社会の分析にも適用できるという転回である。そしてそれは同時に、経済学の理論を資本主義社会だけに適用可能な理論として否定するのではなく、人類学の研究にも援用可能だと認めることでもあった。

プラトナーは、形式主義と実体主義の論争には勝者はいなかったという。近代社会を前提に人間の本性をあきらかにする経済学と前近代社会の研究からそれとは異なる人間像を提示する人類学。その役割分担そのものが、一九八〇年代以降、意味をなさなくなった。

人類学の他者表象の権力性が批判され、「未開社会」が国民国家や世界市場にとり込まれるなか、人類学はますます「近代社会」そのものに注目するようになった。市場経済化や資本主義化といった言葉で、人類学者はあたかも西洋とそれ以外の社会のあいだに大きな分水嶺があるかのように考えてきた。1章でふれたように、ラトゥールは、それは人類学者自身が近代主義者だったからだと指摘する。[*9] 人類学を生みだした「近代」とはどういうプロジェクトだったのか。それ自体が、人類学が向き合うべき問いとなった。

4章　秩序のつくり方

1　法と政治の起源

人類学は、西洋と非西洋との出会いから生まれた。はじめて目のあたりにする「文明化」していない人びとの姿は、ヨーロッパ人の目にどう映ったのだろうか？

一八三一年一二月末、イギリス南西部のデヴォンポートからビーグル号で出航したチャールズ・ダーウィン（一八〇九―八二）は、大西洋を横断し、二ヵ月ほどかけてブラジルに到着。大陸の東海岸にそって南北に航行をくり返しながら、沿岸部や内陸部の探検と標本収集をつづけた。

現在のアルゼンチン中央部を東西に流れるネグロ川やコロラド川流域の開拓地では、植民者の牧場が先住民インディオからたびたび襲撃を受けていた。[*1] インディオが使う武器は、先端が槍の穂先のように尖ったチュソーという長い竹の棒だけ。スペイン人などの入植民は銃や大砲で応戦し、植民地政府の軍隊は組織的にインディオの掃討作戦を行った。ダーウィンたちも、インディオの襲撃に怯えながらの探検行だった。彼の残した文章には、文明化していない「野蛮人」への好奇心と嫌悪感がまじりあっている。

四つめの旋回では、この「野蛮」とされてきた人びとがどのように「社会」のまとまりを維持していたのか、人類学者が見出してきた、その秩序のつくり方に注目する。「文明化」していないのに、秩序だった社会をもっている。近代国家の政治体制とは異なる「政治」がそこにあった。

先住民への暴力の時代に人類学は生まれた

ダーウィンの『ビーグル号航海記』には、地質や動植物の記録のあいまに、先住民の様子が書きとめられている。

常駐の野営地に別れをつげて、インディオの小屋をいくつも過ぎた。その小屋は窯のように丸くて、獣皮で覆われていた。どの小屋の入口にも、先が細くなっているチュソーが地面につきさしてあった。小屋はいくつかの群れにわかれていた。それぞれが別の首長をいただく部族を作っている。さらにその群れは、たがいの関係にしたがって、もっと小さな集合にわかれていた。[*2]

めずらしい動物の「群れ」を観察するかのように、ダーウィンの目は文明からかけ離れた人びとの生活に向けられる。先住民のなかには西洋文明を受け入れ、植民者たちと融和的に暮らす者もいた。先住民の一団が白人司令官のもとで「インディオ討伐作戦」に従軍することもあった。そこで起きていたのは、女性や子どもを含めた先住民の大量虐殺だった。ダーウィンは複雑な心境をこうつづる。

ここに住む人はだれでも、今回の戦争が野蛮な者たちを倒すための正しいたたかいだと、確信している。文明化されたキリスト教の国で、こんな虐殺がいまどき行えるとは、だれが信じるだろう？[*3]

命だけは助けられた子どもも奴隷として売られた。ダーウィンはこうした先住民の状況に同情する一方、その「野蛮さ」への嫌悪感を隠そうとはしない。南米最南端に近いフエゴ島を訪れた彼は、その島民の姿をこう描写している。

この不幸な民は成長しきれずにひねていた。醜い顔は白い塗料で塗りたくられ、膚は汚れて脂ぎっていた。髪は乱れ放題だし、声もしわがれ、身振りが荒あらしかった。こういう人びとを眺めると、かれらが同じこの世にすむ同類というか、仲間だとは信じられなくなる。[*4]

ヨーロッパ人にとって「どう猛」で「野蛮」なインディオはキリスト教に改宗させて文明化するか、そうでなければ力ずくで排除すべき対象だった。この西洋の植民者による先住民への暴力的迫害は、一九世紀末に至るまで南北アメリカの広い地域でくり返された。

約五年間の航海を終えたダーウィンは、一八三九年に『ビーグル号航海記』を出版する。その翌年、米国ニューヨーク州のユニオン・カレッジを卒業し、弁護士への道を歩みはじめたのが、2章で紹介したルイス・ヘンリー・モーガンだ。

先住民との「戦争」がつづく時代にあって、モーガンは、弁護士として先住民を支援しながら、人類学的な研究を進めた。その最初の本格的な研究成果として一八五一年に出版されたのが『イロクォイ同盟』だ。同書の序文には、モーガンの先住民研究への思いが率直につづられている。

彼らの市民的、家庭的な諸制度についての、そしてその将来の発展の可能性についてのより正しい知識にもとづいて、インディアンへのもっと思いやりある感情を広めたいというのが、この仕事をはじめた動機である。[*5]

くり返される先住民への凄惨な暴力の一方で、友好的な関係を築こうとする試みもなされていた。その矛盾にみちた現実のはざまで、人類学という学問は産声をあげた。

合議と全会一致による「政治」

モーガンが「イロクォイ同盟」に見出した社会や政治のあり方は、ダーウィンの記述とはかけはなれている。「イロクォイ」とは、争いの絶えなかった五つの民族(モーホーク、オナイダ、オノンダガ、カユーガ、セネカ)が平和条約を結んでつくった連合体のことだ(のちにタスカロラが加わる)。モーガンが生まれ育ったニューヨーク州一帯に居住し、北米先住民のなかでも有力な一大勢力だった。

連合体には、それぞれの民族の代表者で構成される総会議があった。[*6] 五〇の代表職が五民族に割りあてられ、総会議ではそれぞれが平等な発言権を有し、他の意見への否決権も認められていた。

代表職は一定の出自にもとづく「世襲」だった。原則的には、亡くなった代表者の兄弟か、その姉妹の息子から母系の原則で継承された。[*7] ただし、その複数の候補者の誰がその「名」を継ぐかは、共通の祖先をもつ氏族《クラン》（「民族」の下位集団）における選挙で指名され、総会議で任命された。氏族内の選挙は成年男女の自由投票で、その結果は同じ民族の他氏族によって承認される必要もあった。総会議への代表者がきわめて民主的な方法で選ばれていたのだ。

ある民族が連合体での総会議が必要だと判断すると、東西の隣接する民族に会議の開催を伝える使者が派遣された。使者は会議の場所や日時、目的などを記した通知をおさめた貝殻数珠の帯を身につけた。この通知を受けとった民族は、隣接する民族にそれを送り届ける義務を負った。

総会議では、恒例の歓迎行事のあと、代表者たちが二組に分かれ、会議の火をはさんで向かい合って座った。民族の来歴にもとづき、一方の側にモーホーク、オノンダガ、セネカの代表が座し、もう一方の側にオナイダ、カユーガ、のちに加わったタスカロラの代表が座した。

ひとりの代表者が簡単な演説を行い、大霊（Great Spirit）に対する感謝をささげると、会議の開催を提案した者が正式に提案について説明し、その理由を述べた。

総会議での意思決定には、全会一致の原則が貫かれていた。それは票決をとる必要のない方法でもあった。まず代表者たちは自分の氏族内で合意をとりまとめた。そして複数の氏族間の意見を調整して民族内でひとつの意見に集約した。総会議では、各民族の代表者がその意思を表明し、協議の結果、意見が一致した場合には決議が成立。一致をみなければ、議案は否決され、会議は終了した。モーガンは、この全会一致で同意をえる方法によって、各民族の平等と独立が維持されていたと評している。

イロクォイでは「代表者」のことを「人民の助言者」という名で呼んでいた。モーガンは、その政治のあり方を「古代的型式の代表民主政」だとし、古代ギリシアの代表者が「人民の顧問」と呼ばれていたことと重ねている。

モーガンの描くイロクォイの整然とした意見集約の民主的プロセスは感動的ですらある。国家なき社会において、いかに社会の秩序が保たれているのか。その問いがやがて人類学の主要テーマのひとつになる。

「未開社会」の法と秩序

人類学者が長期の現地調査を行い、さまざまな民族の研究を進めた一九二〇年代、「未開」とされた人びとが「法と秩序」をどう守っているのか、関心が高まった。

マリノフスキは、『未開社会における犯罪と慣習』（一九二六年）の冒頭で、それまでの「未開社会」のイメージが覆されてきたと指摘している。従来、「未開人」はほとんど「法」のような規則体系をもたず、ただ気まぐれに放縦に生きていると考えられてきた。しかし二〇世紀初頭には、そうした人たちがむしろさまざまな規範や慣習という不文律に縛られて生きていることが見出されるようになる。

なぜ人びとは規範や慣習に従うのか。それまでの研究では、強制力がなくとも、本能的に、自動的に従っており、それが神秘的な集団感情などにもとづいていると論じられてきた。マリノフスキは、それに対し次のように批判する。

われわれは法の制定・施行・強制についての確定した機構を求めることに慣れているので、未開社会においてもこれと類似せるものを探し求め、そこに類似の規制を見出すことに失敗するや、われわれは、あらゆる法は、法を守らんとする未開人のこの神秘的な性質によって遵守せられると結論するのである。[*8]

マリノフスキは、その法と秩序の強制力が複雑な心理的・社会的誘因から生じていると論じる。とくに重要なのが「相互性（互酬性）」、いわゆるギブ・アンド・テイクの原則だ。これはモースやポランニーが注目した原理でもある。

トロブリアンド諸島では、奥地の村落は漁夫に野菜を供給し、海岸の共同体はそれに魚で返済する。このある種の「経済的協定」には儀式的側面もあった。野菜と魚の交換には手の込んだ儀式がともなっていたからだ。さらにそこには相互的な義務という法的側面もあり、贈り物を受けとったときは、つねにお返しを強制され、その返済の量を減らしたり、遅延したりすることは許されなかった。

マリノフスキは、互いに希少な食物を必要とする共同体のあいだで均衡を保とうとする相互主義がさまざまな他の通商や相互的奉仕とも結びつき、拘束的なものとして働いていると指摘した。

さらにマリノフスキは、メラネシアの人びとの精神を支配している野心と虚栄の働きを強調する。商業的であり儀礼的でもある相互義務の関係は、「誇示の欲望、気前がよいとおもわれたいとする野心、富と食物の蓄積とにたいする極端な尊敬を通して」[*9]拘束力をもった。ただし、こうした「拘束力」をもつ規範には弾力性があり、かなりの自由度が許されているとも指摘している。

野心や虚栄心にもとづく相互主義の原則は、埋葬や服喪などの宗教行為、婚姻関係で結ばれた親族集団間の義務など、社会のさまざまな側面でも観察された。義務を履行できなければ、汚名を着せられ、耐えがたい地位に置かれた。「未開社会」には行政や司法の制度はない。それでも、そこでの「法」は独立の制度のうちに存在するのではなく、社会生活の隅々にわたる義務の統合体系となって人びとのあいだに秩序をつくっていた。

モーガンやマリノフスキは国家機構をもたない社会の秩序のあり方に注目した。だが非西洋社会には、当然、国家に類する政治体制をもつ民族も存在する。その「政治」は近代の国家とどう違うのか。それが次の論点となる。

2 国家と政治

人類学は、非西洋のさまざまな民族の研究をとおして、「未開」とされた国家をもたない社会にも、秩序をつくり、守る方法があることを見いだしてきた。

近代的な国家体制がなくても、司法制度や警察組織のような治安維持の仕組みがなくても、カオスには陥らない。むしろ強権的な力に頼らず、民主的な手続きによって問題に対処している。それは、近代的な国民国家の建設に邁進してきた欧米社会にとっては、理解しがたい「謎」だった。

「未開」とされる社会の「政治」と近代国家のもとでの「政治」は、なにがどう違うのか。それは歴史上にあらわれたさまざまな「国家」のようなものをどう位置づけるべきか、という問いでもあった。

モーガンは『古代社会』で、血縁関係にもとづく「氏族制社会」から地域的な地縁にねざした「政治的社会」へと文明化によって統治形態が発展したと論じた。[*1] すなわち「国家」は、氏族社会には存在せず、文明化とともに誕生したのだ、と。この未開と文明を明確に区別する発展段階説を批判したのが、マリノフスキと同時代にアメリカで活躍したロバート・ローウィ（一八八三―一九五七）だ。

ローウィが提起したのは、未開と文明を断絶した異なる政治体制をもつ状態とみなすのではなく、それらを共通した特徴をもつものとして連続的にとらえる見方だった。その視点の転換には、どんな意味があったのだろうか。

国家の起源はどこにあるのか？

ローウィは、一九二七年の『国家の起源』で、小規模で単純な社会と複雑化した社会を連続的にとらえる必要性を強調した。[*2] まず論点になるのは「大きさ」という問題だ。人口規模の小さな集団と大英帝国のような巨大な国家とは、まったく異なる政治体系に思える。だがローウィは、小規模だから「国家」をもたないとはいえないと論じた。

ローウィは、コロラド川流域で定着農耕をするアメリカ先住民モハービの事例をあげる。モハービは、みずからを「国民的存在」とみなしていた。長旅を恐れず、居住地をこえて離れた場所に住む仲間と自由に交流した。同じ言語グループに属するユーマとは同盟関係を結んで他民族に対抗した。周辺民族との敵対的な関係のなかで、より多くの人数と強固に結集する必要があったのだ。

他集団との敵対関係は、ときに集団の分裂にもつながる。実際、北米の内陸部に住む「平原インディアン」のあいだでは戦争が絶えず、一九世紀初頭に四〇〇〇人いたクロウは、リヴァー・クロウとマウンテン・クロウとに分裂した。

だがなかには、モーガンが注目したイロクォイ同盟のように、文化的に近接する集団が連合し、広大な領域を支配したケースもある。メキシコのアズテックは、近隣集団から貢物を奪うために連合した三つの民族集団によって成立した。戦時の首長は選挙で選ばれたものの、親族の狭い範囲から選ばれており、明確な階級差別も存在した。モーガンが論じたように、すべてのアメリカ先住民が水平的で民主的な社会だったわけではない。ローウィは、その首長はいまだ「王」には至っていないものの、階級分化したアズテックを「国家」とみなしている。

さらにローウィは、血縁から地縁へというモーガンらの発展図式について、それらはいずれの時代でも並存しており、血縁的な親族関係の原理にも地域的要素が含まれていると指摘する。そして、ある共通目的のもとに連携する「結社」に、国家形成につながる契機があると論じる。

先に言及した「平原インディアン」のクロウには、かつて八つの集会所があり、「タバコ組織」といわれる結社もあった。集会所は、社会的・軍事的・政治的な機能を有した世俗的な組織で、タバコ組織は、神聖な植物であるタバコの耕作と儀礼に関する祭祀的な性質をもっていた。このうち集会所は軍事組織に由来する。野牛の狩猟ルールに違反した者に罰を与え、不当に獲得した獲物を没収し、その者の財産を破壊するなどの警察機能も担った。

結社が互いに敵対し、分裂的な傾向をもつケースも多く、ローウィは以前の著書で主張した、結社が国家形成に直接結びつくという説は撤回している。だが、平原インディアンの「野牛警察」の例は、無政府的な共同社会にも国家主権の一時的行使が出現しうることを示唆している。ローウィは、そうした強制力の行使に、人類社会の普遍的特徴である隣人融和の感情を強化し、主権者である国王や国旗への忠誠心へと変化する萌芽を見いだしている。

国家と神の結びつき

ローウィの『国家の起源』と同じ一九二七年、イギリスでまったく異なる視点の国家論が出版された。アーサー・ホカート（一八八三―一九三九）の『王権』だ。[*3] 王という存在はいかに生まれたのか。ローウィと同じ年に生まれたホカートは、その問いを宗教との関係から探究した。

「現在われわれが知りうる最も初期の宗教は、王の神性に対する信仰である」。[*4] どんな王も神なしには存在せず、どんな神も王なしには存在しない。ホカートは、秩序をもたらし、集団を統合する力は、物理的な強制力だけではないと強調する。それは、ひとつの「信仰」としてはじまった。この議論はマリノフスキがいう「義務の統合体系」の背後に宗教的信念の働きを見いだす視点でもあった。

古代エジプトには王を神々と同一視する君主制の観念があった。古代シュメルの都市国家では、王は神が送った救世主であり、神々の代理だと信じられていた。古代ギリシアでも、ホメロスの時代、王は神と呼ばれた。それは古代インドでも、セイロン（スリランカ）やマレーでも、そして日本でも同じだった。ホカートが現地調査をしたフィジーでは、かつて首長は「人間神」とされていた。

ホカートはこうした事例の分析において、言語や象徴に着目する。王は太陽―神であるという教義は、世界中で広くみられる。最初期の神々のほとんどは天の神であり、太陽や天上の光と結びつけられていた。ホカートは、インド＝ヨーロッパ語では、いずれも神性を表現するのに「輝くこと」を意味するdivという語幹を使っていると指摘する。

古代インドの王は聖職授任式で体内に火あるいは熱を入れ、祭司が火に供物を捧げた。「熱」は、サンスクリット語のテジャス（tejas）で、その意味は、「火」そのものから「奇跡的力」まで幅広い。セイロンの王には、シュリー（Śrī）という称号があった。「華麗、繁栄、栄光、尊厳」という意味で、「光を放散する」という動詞から派生している。

言語的な関連だけではない。王と太陽は、さまざまな象徴で結びつけられてきた。インドの王が浄めの儀式で東に顔を向けるのは、天に昇る太陽として再生することを示す。多くの地域で用いられる「王冠」も、太陽の円盤の象徴だった。日本の天皇を含め、王には大地に触れてはいけないというタブーもある。太陽が空中に浮かんでいるからだ。

「太陽」「光」「熱」は、いずれも病を治し、食物を与え、繁栄をもたらす王の豊饒性のイメージにつながっている。中世ヨーロッパでも王は治癒力をもつとされ、フランスでは一九世紀になってもその信仰が残っていた。

なぜ人びとは王が繁栄をもたらすと信じたのか。ホカートは、それは経験的観察からではなく、すでにあった教義から導かれたという。王が奇跡を起こす力、それは王の正義と結びつき、太陽のもつ自然の秩序の法という性質から引きだされている。ホカートはそう論じる。

自然の正義のもとで太陽は規則正しくめぐり、秩序だった道徳的な法を体現する。そこで王を太陽とみなせば、王が世界に規則性を与え、土地と人間に実りをもたらすことになる。王がその規則性を逸脱して不法なふるまいをすれば災難に見舞われる。だから王は秩序と時間を守り、人びとに法を遵守させる役を担った。古代の人びとは、天の秩序と道徳法との結びつきを発見することで、不安定な天候を克服し、人間の生存の不確かさをとり除こうとしたのだ。

国家をつくり、その支配者たる王を太陽と同一視して、崇拝する。その背景には、世界の秩序を維持しようとする人間の願いがあった。ホカートは、世界中の事例を参照しながら、この「聖なる王権」にみられた変化や変わらない構造をあきらかにした。その分析スタイルは後に発展する象徴人類学や構造人類学のひな形にもなった。

政治体系の多様性

モーガンなど初期の人類学者が提起し、一九二〇年代に議論が深められた「国家」や「政治」をめぐる人類学的研究は、その後さらに進展する。その画期となった論集が『アフリカの伝統的政治体系』(一九四〇年)だ。[*5] 編者のマイヤー・フォーテス(一九〇六―一九八三)とエドワード・エヴァンス゠プリチャード(一九〇二―一九七三)は、マリノフスキやラドクリフ゠ブラウンらが確立したイギリス社会人類学の次世代を代表する人類学者だ。

論集の序論で、フォーテスらは、所収されたいずれの論文も人類学の訓練を受けた研究者による先進的な現地調査にもとづいていると強調する。一九二〇年代に長期参与観察という人類学の調査手法が確立されたことで、一九三〇年代には、アフリカをはじめ世界中の民族の現地調査が飛躍的に進んだ。フォーテスらは、その最新の研究成果をもとに、アフリカの八つの民族の政治体系を分析したのだ。

アフリカの政治体系は「政府をもつ社会」と「政府をもたない社会」とに分けられる。集権化された権威や行政機構、司法制度のある「政府をもつ社会」では、権力と権威の配分に応じた富や特権、地位の差がみられる。「政府をもたない社会」には、身分や地位、富についての明確な差がない。

政府をもつ国家的な社会では、租税、貢納、労働を徴する経済的特権が政治権力を維持する主要な手段となる。ただし、その特権は相応の経済的義務をともなった。政治的役職から最大の経済的利益をえる者は、行政、司法、宗教上のもっとも重い責任を負った。一方、身分や地位に差がない無国家社会では、こうした特権と義務の関係は薄くなる。

特筆すべきは、政府をもつ社会では最高統治者の権力に対して、いずれもそれを抑制する力が制度化されている点だ。王権が乱用されれば、下位の首長たちによる反乱を招く。地方首長は住民に対しては政府の代理役となり、政府に対しては地方住民を代表する。法と慣習を擁護し、社会の安定に不可欠な儀礼を行う評議員や祭司も地域社会の利益を代表する。

現実には理念どおりにいかないことも多いが、役職につく者は、その与えられた権利と特権に応じた責任を負い、人びとの福祉への貢献を求められた。アフリカの国家は、この権力と権威、義務と責任の均衡のもとで成立している。フォーテスらはそう分析している。

国家なき社会にも別種の均衡がみられる。分節リネージ（出自）集団間の均衡状態だ。それぞれのレベルの分節集団は共通の利害をもち、その対立関係における均衡が秩序を生みだす。武力行使の権利も等しく各集団に分散されており、力の均衡と秩序が維持されていた。

アフリカの国家の統治者も、ホカートが指摘したように、神秘的起源に裏づけられた信任をえている。国家なき社会の分節集団間の関係も、伝統と神話にもとづく神秘的な象徴による価値の支配下にある。フォーテスらは、いかなる政治関係にも功利的側面とともに道徳的側面があり、それらが連帯して作用しているという。道徳的・法的な規範は、世俗的強制力だけでは維持できない。定期的な儀式によって表現され、強化される神秘的価値と結びついてはじめて集団の結束が成立しているのだ。

『アフリカの伝統的政治体系』は、ローウィが提起した政治的な組織化や強制力の問題にくわえ、ホカートが探究した王権にまつわる神秘的な力の双方を具体的な事例をもとにあきらかにした。この秩序をつくる「政治」や「国家」に関する理論的論争には、まだつづきがある。

秩序をつくる。そのためには、司法制度や警察組織、官僚機構や軍隊といった国家的な装置が必要になるはずだ。私たちの多くはそう考えている。

だが人類学の研究は、秩序をつくる政治には、さまざまな要素が関わっていることをあきらかにしてきた。民主的な合意形成の慣習や強制力の行使だけでなく、経済的な相互義務、血縁をこえた自発的な結社や宗教的な信仰、中央政府をもたない分節集団間の力の均衡など、国家の「政治」におさまらない諸相が描きだされてきた。

3 国家なき社会

それは政治を国家という限られた領域から解き放つ試みだった。一九六七年に『政治人類学』を出したフランスの人類学者ジョルジュ・バランディエ（一九二〇―二〇一六）は、それまでの政治哲学が西洋中心の「国家哲学」でしかなかったと指摘する。[*1] 世界のさまざまな時代や地域の民族誌的研究を蓄積してきた政治人類学は、あらゆる社会に「政治的なもの」があることを示してきた。それは非西洋社会も含めた「政治思想の世界史」の探究だった。

歴史も国家もないとされてきた「未開社会」にも秩序をつくりだすダイナミックな政治の歴史があり、それは国家をもつ社会と変わらない。バランディエは、こうして政治を動態的にとらえるアプローチを提唱した。それは、同時代のフランスを席巻した構造主義に代表される静態的理解への批判でもあった。

政治の動態的な理解へ

バランディエは、ビルマ（ミャンマー）のカチンの政治社会を研究したエドマンド・リーチ（一九一〇—一九八九）の研究を引きながら、人類学者が提示してきた「構造」は「論理的構築物」であり、整合性や均衡だけが強調される静態的システムだったと指摘する。[*2]現実の社会には、そうした首尾一貫性はない。そもそも政治的なものには、利害関係の衝突と競争という動的な性格があるからだ。

アフリカの伝統的国家はつねに不安定で、組織化／儀式化された異議申し立てにさらされていた。ただし、その相対的不安定と制御された反抗は、国家の変革よりもむしろその維持に貢献する政治過程の正常な表現の一部だった。

社会の秩序と無秩序とは一枚のコインの裏表であり、切り離すことができない。無秩序がむしろ秩序の強化に使われる。このバランディエの議論は、後に書かれた『舞台の上の権力』（一九八〇年）に具体的な事例とともに提示されている。[*3]

たとえば、アフリカのベニンの古王国では、王の死は騒乱と服喪のはじまりだった。秩序を統御する現人神が消え、破壊力の働きをおしとどめる者がいなくなる。国土に「夜の幕が降り」、強盗や殺人などが横行する混乱状態に陥った。だが、あらたな王の即位の儀式がその状況を一変させる。儀式のなかで正義が前にも増して強力に重々しく再現され、一時的な無秩序が秩序の再生と強化に利用された。

こうした秩序と無秩序との関係は、アフリカの事例だけにとどまらない。中世末の西欧の状況も同じ視点から理解できる。一五世紀、世相の不安から魔女狩りとその異端審問が広がった。急激な変化が起きる過渡期には、すべてが善と悪の二分法で裁断される。秩序ある正しき世界を脅かす邪悪な存在が名指しされ、糾弾される。

バランディエは、そこに秩序の回復のために逸脱者を指定し、排除する政治力学を見出している。人びとを不安に陥らせる悪の所在をつきとめ、その蔓延を食い止めるために「魔女」が必要とされた。それは、失墜した教会の権威を回復するスケープゴートでもあった。

バランディエは、変化の激しい現代社会でも、この秩序と無秩序の関係は維持されているという。とくに全体主義的な国家のもとでは、体制の秩序が神聖化され、体制の犯した過ちは「犯罪者」ないし「敵」の仕業とされる。指名された者を犠牲にすることで、権力の嫌疑は晴らされ、無実とされた社会の凝集力が強められるのだ。

無秩序が秩序への奉仕を強化する。権力は、この「逆転のプロセス」をみずからの利益のために操作する。この動態的な政治は、過去から現在に至るさまざまな社会で共通してみられる。バランディエの議論は、政治学にも影響を与えた。だが「国家の起源」をめぐる問いは、人類学内部でも大きな論点として議論がつづけられた。

国家をもたない理由

前節でふれたように、ローウィは国家をもつ社会と国家をもたない社会における政治組織を連続的にとらえようとした。その視点は、バランディエにも引き継がれている。

しかし、なぜどのように国家が生まれたのか、という問いは、ひとつの難問として残った。[*4] 従来、国家の起源は、オッペンハイマーが『国家論』（一九〇七年）で提示した「征服説」が有力な定説だった。国家は、経済的搾取を目的とする一階級の他の階級に対する支配関係であり、ある集団が外来の征服者によって従属させられることで生じたとされてきたのだ。

ローウィは、この征服説を批判し、血縁から独立した結社の形成という内的条件で十分に国家の起源を説明できると考えた。性別や年齢、入社式の儀礼などにもとづく結社は、それ自体の内部に不平等な関係を生じさせ、支配する者と支配される者とに分化しうる。それがローウィの国家の起源への見方だった。バランディエは、こうした政治人類学の議論を整理したうえで、征服という外的要因と集団内部の要因からの階級分化という両者を包含する議論が積み重ねられてきたと指摘している。

この政治人類学における国家形成をめぐる議論のなかで、ひときわ独創的な視点を提示したのが、レヴィ゠ストロースのもとで人類学を学んだピエール・クラストル（一九三四―一九七七）だ。この若くして交通事故で命をおとした人類学者の論稿は、人類学内外に大きなインパクトを与え、いまもくり返し参照されている。

バランディエはさまざまな事例研究をもとに、国家をもつ社会のなかにも、中央政府のない分節社会に近い形態から、領土的統一と中央集権化が進んだ形態まで、さまざまな過渡的な諸形態があると論じている。こうした国家をもたない社会と国家をもつ社会とを連続的にとらえる視点に対し、クラストルは、明確に両者の「断絶」を強調する議論を展開した。

クラストルは、『国家に抗する社会』（一九七四年）のなかで、「未開社会」を国家なき社会、無文字社会、歴史なき社会、市場なき社会というように、未完成、不完全、欠如として語ることを痛烈に批判する。[*5] しばしば「未開社会」は、すでに他の地域でのり越えられた遠い歴史段階の時代錯誤な残存であり、その停滞から抜けだすための能力や技術をもたない社会だと考えられてきた。クラストルは、そこに自民族中心の古い進化主義があると指摘する。

「未開」とされてきた社会には、少ない労働で生存に必要な食料を入手する高度な技術があった。それでも、労働を必要の充足に調和させる意志から、人びとは無用な過剰生産を拒んだ。それは過剰な労働を強制し、その余剰を一部の者の所有物にする暴力としての国家を拒否しつづけることを意味した。クラストルは、それを「国家に抗する闘いの歴史だ」と述べている。[*6]

国家がないのは、権力が一部の者に保持され、人びとを支配するためにその権力が行使されることを望まなかったからである。このクラストルの議論も、ローウィがモーガンなどそれ以前の発展段階説を批判した立場を共有している。だがクラストルは、国家なき社会に領土的統一や中央集権化が起こらなかったのは、国家形成の条件が整わなかったからではなく、むしろ積極的に国家を拒絶する意志があったからだと考えた。階級分化の要因がなかったために国家が生まれなかったわけではない。国家なき社会には、そうした階級分化自体を拒絶し、平等社会を維持しようとする「政治」があったのだ。

暴力と不平等はどこから来たのか?

クラストルは、国家をもたない社会が国家をもつことはあっても、国家をもった社会が国家をもたない社会に後戻りすることはない、と明言する。[*7] たとえ国家が崩壊しても、権力関係が廃絶されることはなく、国家以前の状態には戻らない。クラストルは、国家権力を生み出す根底には、権力への欲望だけでなく、隷従への欲望があると指摘する。「未開社会」は、その隷従を拒否することで社会がもつ者ともたざる者とに分化することを阻止してきた。ひとたびその隷従の欲望が生じれば、国家なき状態には戻れなくなる。

こうしたクラストルの議論について、デヴィッド・グレーバー（一九六一―二〇二〇）はその主張の意義を認めつつも、「ナイーヴなロマン主義者」の側面があると指摘する。[*8] クラストルは、国家の誕生には歴史的必然性はないと強調するために、国家をもたない社会と国家をもつ社会がまったく異なる原理で社会をつくりあげていると強調した。しかし、そんなクラストルには、なぜ「未開社会」はみずから経験したことのない権力の出現に対抗する社会を組織できたのか、という批判が投げかけられてきた。グレーバーは、アマゾン社会で適切な性別役割を逸脱しようとする女性を男たちが集団で暴行して脅すことをあげ、男たちは恣意的な暴力がどのようなものか理解していたはずだという。それを単純に暴力的権力の存在しない平等社会とみなしたクラストルは、そういう意味で「ナイーヴ」だったというのだ。

　グレーバーは、クラストルとは逆に、国家なき社会は暴力的国家の危険性の不吉さを認識しており、だからこそそうした人物があらわれないよう対抗する制度をつくりだしたのだと論じた。[*9] 平等主義的で平和な社会では、しばしば想像上の不可視の領域は、魑《ち》魅《み》魍《もう》魎《りょう》が暗躍し、永遠の戦争の脅威に呪われた闇の世界となっている。

　あらゆる社会は異なる価値に引き裂かれ、道徳的矛盾のもつれのなかにある。そしてどんな社会にも、男性による女性の支配や年長者による若者の支配などがあり、構造的な不平等が存在している。グレーバーは、これらの矛盾や不平等が人間生活に根本的問題をもたらさない社会などないという。むしろ平等主義的な社会を保持しようとするプロジェクトがはらむ緊張関係の内側から「亡霊的な暴力」が立ち現れている。

人間の条件、欲望、道徳性などすべてがやがて解決されるという空想は、権力と国家のうぬぼれの裏にあるユートピア像であり、ことさら危険だとグレーバーはいう。つまり、クラストルが国家なき社会を権力や不平等と無縁の社会としてとらえた見方は、国家装置が社会に秩序をもたらすという国家的ユートピアの反転した像にすぎないのだ。

グレーバーの視点は一貫している。国家なき社会にも暴力や不平等が存在するように、国家が出現し、市場経済に包摂された社会においても、それに対抗しうる道徳的想像力が完全になくなるわけではない。国家なき社会と国家をもつ社会との断絶や、その移行の不可逆性を強調するクラストルの議論とは対照的に、グレーバーは、その革命的想像力が「未開社会」にも、「近代社会」にも、いまもどこかに存続していると考えた。

考古学者デヴィッド・ウェングローとの共著で彼の遺著ともなった『万物の黎明』（二〇二一年）で、グレーバーらはローウィが研究した平原インディアンの「野牛警察」の事例に言及している。[*10] 彼らが注目するのは、ローウィがその国家的な警察権力が機能したのは季節的で一時的だったと指摘していた点だ。狩猟の季節が終わると、「明白な権威主義」は、「無政府的な組織形態」へと移行し、一年の大半はそうした強制力を発揮させる「部族」のまとまりすら存在しなかった。つまり人びとは国家的な権力がどういうものかを知っていたにもかかわらず、その形態を持続させたり、固定的な国家制度へと発展させたりしなかったのだ。

国家や資本主義が生まれると、生活の隅々までがそのシステムに組み込まれて一変すると私たちは思ってしまう。だがグレーバーは、そうした全体性なるものは想像の産物にすぎないという。現実はそうした想像よりもつねに多様で不均質で混乱している。季節的に異なる政治体制のあいだを行きつ戻りつするような可変的なものでもある。このグレーバーの人類学が切り拓いた地平には、また最後の旋回で戻ってこよう。

5章　自然と神々の力

1　宗教とアニミズム

人間は、さまざまな生き物や草木、石や水などの自然物に囲まれて生きている。動植物から生きる糧を手にし、木や石から道具を作り、ときに天候不順や災害に命を脅かされる。人間社会は、この自然の万物をどうとらえ、理解してきたのか。五つめの旋回では、自然に神秘的な力をみいだしてきた人間の営みがテーマだ。

1章で紹介したタイラーは、『原始文化』のなかで、自然や生命についての現実の経験が人間の空想の究極的源泉であり、神話的想像力の根底にあると指摘した。[*1] その日常的な経験を神話へと変形させるのが、いっさいの自然は生気に満ちているという信念だ。

この「アニミズム」の信念は、自然を人格化し、世界の隅々に生命と意志の働きを認める。太陽や星も、樹木や川も、風や雲も、人格をもつ生き物であり、人間や動物と同じように生活している。タイラーは、この自然神話にみられるアニミズムを宗教の基盤にある概念として提示した。

宗教は人類に普遍的なのか。神への信仰や教義、儀礼などを含めて宗教を定義すれば、初期人類には宗教がなかったことになる。タイラーは、霊的存在への信念というアニミズムが人間精神の深層にあり、野蛮から文明に至る宗教哲学の土台をなしていると論じた。それが「宗教」を考える人類学の出発点となった。

魂と霊が生まれるとき

宗教は、神などの超自然的な存在の助力や啓示から生まれたわけではない。タイラーは、それを人間理性によって考案され、発展してきた神学体系の一部としてとらえた。[*2]初期の「低級な文化段階」では、人間は二つの生物学的問いに悩まされていた。第一に、生きている肉体と死んでいる肉体の何が違うのか、何が人に活気を与え、死なせるのか。第二に、夢や幻のなかにあらわれる人間の姿の正体は何か。この二つの現象を前にして、人間は生命と幻像という二つをもつと推測したはずだ。タイラーは、この生命と幻像が結びつき、肉体から分離できるという観念が「魂」や「霊」というイメージにつながったと考えた。

この発想は世界中でみられる。タイラーは、それが人間の経験や認識に普遍的にみられる哲学的志向なのだという。

アニミズムの教義は、人間の感覚が素朴に自明のこととして感じとったことについての最も説得力ある解答なのだ。その〔夢などに見る幻を幽霊と考えるような〕解釈をもたらしたのは、原始的ではあるが、かなりの一貫性と合理性をそなえたある種の哲学だったのである。[*3]

このアニミズムの観念は、自然現象をとてもうまく説明できる。だからこそ、高度の教育が発展しても、その後の哲学によって大幅に修正され、冷淡に扱われても、その本来の特徴の痕跡をいまにとどめている。

人間の魂や霊を表現する言葉や観念には、一定の共通性がみられる。オセアニアやアメリカ、アフリカなど多くの言語で「影」「魂」「像」は一つの単語であらわされる。ほかにも脈拍を霊的存在と結びつけ、人間の主たる魂が心臓に宿るという考え方も広くみられる。あるいは、魂が血や息と結びつけられることもある。

こうした魂や霊は、ときに人間の肉体を離れる。それは、失われた魂を呼び戻すことが邪術師や祭司の仕事の一部になっていることからもわかる。夢に出てくる人間の姿も、眠っている人から遊離した魂や死者の霊とみなされる。だからこそ、夢や幻にあらわれる人間の姿は現実的な存在として受けとめられるのだ。

霊や魂は、人間だけでなく、動植物や物にも宿ると考えられている。「野蛮」な人びとは、よく動物に話しかけたり、特定の生き物や物を崇めたり、祈ったりする。死者の葬儀で人や動物を捧げる「供犠《くぎ》」が行われる理由もそこにある。人が死んで魂が体から去るとしたら、その死者に食べ物や衣服や武器を与えるには、死体とともにそれらを焼いたり埋めたりしなければならない。人や物に魂を認めるからこそ、供犠によって死者のいるあの世にその物の魂を届けようとするのだ。

アニミズムの観念が人間の宗教哲学の土台にある。タイラーがそう考えたのは、その観念が強固な慣習としてさまざまな場所に残っているからだ。ボルネオではイスラーム化したあとも、死者に敬意を表してあの世への旅路に必要な食料が一緒に埋められる。キリスト教化したヨーロッパにも、副葬品を埋める儀式がある。しかもこうした物の魂や霊についての古い理論が、古代ギリシア哲学のイデアの観念など、西洋の哲学や神学にも影響を与えてきた。

タイラーは、さまざまな「未開人」の事例をあげる一方で、古代から現代のヨーロッパにみられる痕跡にも言及する。アニミズムの観念が普遍的に残存していることを示したのだ。そして人間の魂や霊の観念から精霊という霊的存在が生まれ、やがて神へと格上げされていくという進歩の過程を描きだした。それは人間こそが神のひな型であるという視点だった。このタイラーが提示した問題群は、のちに多くの事例研究とともに深められていく。

呪術から宗教へ

タイラーが探究した古代の宗教研究を膨大な事例分析から深化させたのが、スコットランド出身で、ケンブリッジ大学で古典学を学んだジェイムズ・フレイザー（一八五四―一九四一）である。彼の代表作『金枝篇』は、二巻本の初版が一八九〇年に出てから、一九三六年に補遺が加わって全一三巻になるまで大量の事例が追加され、加筆改訂された。世界中でいまも読みつがれる名作だ。

フレイザーは『金枝篇』で、古代ローマ帝国衰退後もイタリアのネミ湖の森に残っていた祭司職をめぐる謎に迫る。[*4] そこには女神ディアナの神殿があった。その聖域を守る祭司は「森の王」と称されると同時に、「殺人者」でもあった。祭司を殺した者が次の祭司になれたからだ。
ネミの聖域にある特定の樹木の枝は折ることが禁じられていた。逃亡奴隷だけが、その枝を一本とることが許された。枝を手にした奴隷は、祭司と決闘する権利が与えられ、祭司を倒せば、あらたな祭司の座についた。ネミの祭司は枝を折られまいと、つねに抜き身の剣をたずさえ、木の周囲を警戒してうろついていた。この木の枝こそが「金枝」である。

どうして祭司を殺さねばならないのか。なぜ特定の木の枝が折りとられるのか。フレイザーは、こうした問いを探究しながら、世界中の資料を渉猟し、宗教の根底にある原理を描きだす。その謎解きの過程はスリリングだ。

フレイザーは、まず祭司が「王」とされる理由を説明する。[*5] 王が宗教儀礼を執り行う祭司となる事例は、世界各地にある。さらに古代の王は、人間と神との媒介者としての祭司であるだけでなく、王自身が神として崇められ、人びとに恵みを授ける存在だった。王は超人的存在に祈りを捧げ、供犠を行うことで、穀物を育てる雨を降らせ、日光をもたらすことが期待された。

では、王はどのように自然に働きかけ、介入するのか。その原初的な手段が呪術だ。[*6] フレイザーは、呪術には「類似」と「接触・感染」という二つの原理があると指摘し、世界中の呪術慣行の事例を列挙する。いわゆる「共感」の法則である。たとえばヨーロッパ各地には、空中に高く跳び上がることで麻などの作物の丈を伸ばそうとする慣習がある。これは、跳び上がる高さと作物の高さとの類似性から、人間が作物に働きかける類感呪術だ。

あるいは、古代デンマーク人が契約を締結するとき、互いの足跡に自分たちの血をふりかけて真実の誓いをしたのは、足跡や血という、身体の一部や接触物が、その人と同一視されるという接触・感染の原理にもとづいている。これを感染呪術という。

フレイザーは、こうした呪術を宗教に先立つものと考えた。[*7] 呪術には、人間が自然を操作できるという信念がある。その意味では、むしろ科学に近い。呪術が科学にならなかったのは、自分たちの観念の秩序を自然の秩序と見誤ったからだ。やがて人間はその誤りに気づき、自分たちの無力さを自覚する。そこで、人知を超えた力への信仰とその人格的な力を慰撫し喜ばせようとする実践が生みだされた。フレイザーはこうして宗教が誕生したと説明する。

タイラーが自然を人格化するアニミズムを宗教の土台ととらえたのに対し、フレイザーは、呪術と宗教を区別したうえで、神のような存在の人格化が呪術から宗教への進歩によって起きたと論じた。世界を支配する力が意識的で人格的だからこそ、その力をなだめ、説得しようとする試みが生まれる。フレイザーは、このように呪術師がやがて祭司に道を譲り、聖なる王になったと説いた。

森の王が殺される理由

ネミの祭司は、なぜ森の王なのか。フレイザーは、そこにヨーロッパに古くからある樹木崇拝の信仰を重ねる。そして植物に聖なる力をみいだす信仰が世界中にあることを例証していく。[*8] 人間と同じく、植物も男性と女性の性的結合で繁殖する。そこで呪術の共感の法則にもとづき、植物の精霊役の男女の（擬似的な）結婚をとおしてその繁栄を促す習慣が生じた。つまり「森の王」である祭司は、木々の女神メディナの配偶者でもあった。この「結婚」が穀物に実りをもたらし、家畜を殖やし、人びとに子宝を恵むのだ。

さらにフレイザーは、この樹木崇拝がより広く植物神への信仰とつながると指摘する。[*9] なかでも穀物霊が人間の女性や動物などに化身する例をさまざまな文献から引く。インドからヨーロッパにかけて、穀物霊は刈り入れや脱穀のときに「殺される」と信じられていた。刈られずに畑に残された一握りの穀物が研いだ大鎌で一撃のもとに刈り倒されたり、穀物の茎でつくられた人形が刈り後の畑で焼かれたりすることもあった。アジアなど他地域でも、穀物霊に人間の血や肉体の一部が捧げられたり、人間に代わって山羊などが供犠されたりする例がみられる。

穀物霊の化身とされた人間や動物が毎年、殺される。それは、次の年に穀物霊があらたな生命力をもってよみがえり、戻ってくることを祈る儀礼だった。そこに、フレイザーは森の王が殺される理由をみいだした。

ネミの神殿で森の王とされたのは、神聖なオークの樹木霊の化身である。[*10] 初期のラテン人諸王は、オーク、大空、雨、雷の神を代理していた。神殿で燃やされつづけた聖火にも、オークの薪が用いられた。こうして「金枝」とは、そのオークの枝、あるいは、オークに寄生するヤドリギ（宿り木）の枝であることが示唆される。

通常、オークにはヤドリギは生えない。だからこそヤドリギが生えるオークは貴重でとりわけ神聖視された。冬でも瑞々《みずみず》しい緑をたもつヤドリギは、オークの生命の中枢とみなされた。このオークの「心臓」にあたるヤドリギを傷つけなければ、森の王の命を奪うことはできない。だから「金枝を折りとる」必要があった。力が衰えた樹木霊の化身を殺すことで、より生命力の強い若い身体があらたな森の王となるのだ。

『金枝篇』は、ネミの祭司の謎解きにとどまらず、呪術や供犠、タブー、神聖王権、王殺し、生贄《スケープゴート》など、その後の人類学の重要な研究テーマを幅広く掘り起こした。しかし、ヨーロッパにキリスト教以前の呪術や迷信が色濃く残っており、その「野蛮」な人びとの慣習とキリスト教の祭儀が類似していると指摘したことなど、批判を招く点も少なくなかった。タイラーもフレイザーも、この時代の人類学が宗教を主題にすれば、キリスト教の教義との衝突は避けがたかった。だが次の世代の人類学者が批判の矛先を向けたのは、また別の問題だった。

2　神の概念

人間社会はなぜ宗教をもつようになったのか。人類学が神や神秘的な力の起源を問いはじめたとき、その科学的探究は、キリスト教の教義と対峙することでもあった。

じっさいフレイザーと同じスコットランド出身で、フレイザーが人類学にのめり込むきっかけをつくったウィリアム・ロバートソン・スミス（一八四六―一八九四）は、イギリス本土で最後となった異端裁判で告訴された。[*1]

一八七五年の『ブリタニカ百科事典』に書いた項目のなかで、スミスは、聖書が神の言葉を書きとったものではなく、人間が記述したものだとした。とくに旧約聖書は、何世紀にもわたり書きなおしと編集が行われ、各時代や場所の精神を反映したものとして解釈すべきだと指摘した。長い審判の末に無罪になったものの、スミスはスコットランドでの職を失い、ケンブリッジに赴いてフレイザーと出会う。

ユダヤ教を含むセム系諸民族の宗教を比較進化論的な立場から研究したスミスは、古代宗教では実践が神学理論に先行していたと考えた。そこで神についての神話や教義ではなく、伝統的慣習を理解する必要性を説いた。未完の遺作となった『セム族の宗教』には、こう述べられている。

我々はセム族の宗教の研究に際しても、神々に関して語られていることの検討から始めてはならない。活ける宗教的諸制度の本質と、それらのものがどうして礼拝者の生活を定めて行ったか、という点から始めねばならないのである。この故に、我々の研究は、セム系諸民族の生活を支配した宗教的諸制度を対象とすることとなるのである。[*2]

その古代宗教を支える慣習としてスミスが注目したのが、タイラーやフレイザーも探究した「供犠」だった。

人間精神の連続性と断絶

フレイザーの評伝を書いたロバート・アッカーマンは、スミスとフレイザーの親密な交流を描いたうえで、その思想上の大きな違いを指摘する。[*3] スミスは、自由教会の牧師の息子として生まれ、生涯、キリスト教徒でありつづけた。一方、フレイザーは、宗教の比較研究がキリスト教の教義を根底から問いなおすことにつながり、やがて宗教が科学に道を譲ると考えていた。個人主義者であったタイラー同様、フレイザーも宗教を個々の思想家による誤解や空想をはらんだ知的構築物だととらえていた。

しかしスミスにとって、宗教は個人の思弁ではなく、社会制度の変化として誕生したものだった。だからこそ、集団的行為である供犠を通して同じ信仰心をもつ仲間が結合し、神と一つになろうとしたのだ。

この点は、くり返し論争の火種になってきた。フレイザーとほぼ同時代を生きたフランスの人類学者、リュシアン・レヴィ＝ブリュル（一八五七―一九三九）は、『未開社会の思惟』（一九一〇年）のなかで、タイラーやフレイザーの議論を「イギリス人類学派」とまとめたうえで明確に批判している。[*4] その批判のポイントは、フレイザーとスミスの立場の違いとも一部、重なっている。

前節で紹介したように、タイラーは、自然を人格化するアニミズムも、それを支える霊魂説も、人間の理性による合理的推論にもとづくと考えた。それによって自然や生命についての経験がうまく説明できるようになる。フレイザーもその立場を引き継ぎ、類似のものを同一視する人間精神の観念連合が呪術的思考の根底にあると考えた。それに対してレヴィ＝ブリュルは、宗教的な制度や信仰は「社会事実」だと主張した。それらは個人が自然や生命現象を理解するためではなく、もっと命令的で強く深い集団の欲求や感情に根ざしている。だから「集団表象」としてとらえる必要がある。とりわけ「原始人」の集団表象は、西洋社会の論理的心性とは根本的に異なっている。

原始人を囲繞する現実界は、それ自身神秘的である。彼等の集団表象では、一つの生物、一つの品物、一つの自然現象も、我々に映る通りのものはない。我々がそこに見るものは殆どすべて彼等から逃れている、或は彼等に無関心なことである。逆に、彼等はそこに、我々が思い掛けもしない沢山のものを見ている。[*5]

「原始人」は、生物と無生物、事実と空想、夢と現実、原因と結果などの区別に関心をもたない。そして身の回りのあらゆる事物に神秘的な力を見いだしている。なぜ死者が夢に現れるのか。そうした経験的事実を説明するために霊魂説が考案されたわけではない。「原始人」は、西洋人と同じように事実を知覚し、それを理解しようとしているのではなく、そもそも事物と神秘的力とを不可分なものとして知覚しているのだ。レヴィ＝ブリュルは、この前論理的な「原始心性」の性質を「融即」という概念で表現した。

タイラーやフレイザーが原始的な宗教からキリスト教に至るまでの人間精神の連続性を前提にしたのに対し、レヴィ＝ブリュルはその明確な断絶を強調した。この立場の違いは、4章の秩序と政治をめぐる旋回でもみられた争点だ。

「神」の内的理解に向けて

イギリスの人類学者が提起した宗教をめぐる主題は、つねに他国の社会学者・人類学者たちを刺激し、さらなる議論を喚起してきた。

「供犠」について考察したフランスのマルセル・モースとアンリ・ユベールは、一八九九年発表の「供犠の本質と機能についての試論」の冒頭に、わざわざタイラー、スミス、フレイザーの名前をあげ、その先人の研究に負うところが絶大だと強調したうえで、それらを乗り越えて異なる理論の構築を目指すと述べている。[*6] とりわけ供犠が人間と神との紐帯を強化すると説明したスミスを批判し、供犠は聖なる世界と俗なる世界の交流であり、そこには供犠祭主への聖なる特質の付与（神聖化）と除去（脱神聖化＝贖罪・浄化）の機能があると主張した。一九世紀末から二〇世紀初頭にかけて、国境を越え、くり返し同じ主題が論じられ、議論が深められていたのだ。

しかし、それらの研究はさまざまな地域の類似した事例を集めた比較分析だった。次の世代の人類学者にとっては、その研究スタイルそのものが乗り越えるべきものだった。そもそも「神」や「供犠」という概念で一括りにされてきた現象は同じなのか。表面的な形式上の分類だったのではないか。そんな根源的な問いが投げかけられた。

二〇世紀半ばのイギリス社会人類学を牽引したエヴァンズ＝プリチャードは、『ヌアー族の宗教』（一九五六年）の序文に次のように書いている。

前世紀末から今世紀初頭にかけて現われた未開宗教に関する多くの文献によって、われわれは、アニミズム、フェティシズム、トーテミズム、マナ、タブー、シャーマニズムなどの用語を知るようになったが、それらの意味は依然として曖昧である。これらの語のいくつかは原住民の言語からの借用語であるという事実そのものが、比較宗教学において適切、かつ統一的な用語を確立できなかったことを示している。[*7]

人類学者が「槍」や「雄牛」と記せば、誰もが同じものを想像できる。だが、「霊」「魂」「罪」となるとそうはいかない。エヴァンズ＝プリチャードは、たんに言葉の定義にとどまらず、個人の宗教的背景によっても、その理解に違いがあると指摘する。そうした認識のずれは、当然、人類学者のあいだでも、人類学者と現地の人とのあいだでも生じうる。人びとは神秘的な力をどう理解しているのか。それを内側から描きだすことが人類学の課題となった。

南スーダンの牧畜民ヌアーにとっての「神」は、ヌアー語で「クウォス（霊）」と呼ばれる。[*8] 人びとはこの神のことを、「クウォス・ニアル（天空の霊）」とか、「クウォス・ニアル（天空にある霊）」と表現する。「クウォス」は、英語のスピリットと同じく空気の属性をもち、擬声語としては、息を強く吐きだす、という意味になる。しかし名詞のクウォスには「霊」という意味しかない。

このクウォスは、とくに空（高所）にあると考えられていて、空と関係するものはすべて神と結びつけられる。「雨や雷鳴と一緒に神が降りてくる」と表現されたり、「太陽もそして月も星も神に属する」と言われたりする。だが、空や月や雨が神そのものではない。

神は霊であり、風や空気と同じく目に見えず、いたるところに存在するが、とくに高所にある空や月や雨を通して顕現する。

高所を飛ぶ鳥が神と結びつけられ、「ガート・クウォス（神の子どもたち）」と呼ばれたりもする。そこには、神と人間、天と地を対比させる世界観がある。「神と人間、天と地とのあいだには大きな隔たりがあり、天と地という対極シンボリズムを知ることは、ヌアーの宗教思想や感情を理解する助けになる」[*9]。エヴァンズ＝プリチャードはこう述べている。

神は「風のよう」であり、「空気のよう」でもある。この比喩は世界中の聖典に見いだされ、旧約聖書でもなじみ深い。ただし、他の精霊とは異なり、神は預言者や聖所、地上の姿といったものをもたない。この天空の霊は、万物の創造者であり主動者である。つまり神は、生命の授与者であり、死をもたらす存在でもある。起こっていることすべてを見聞きし、怒り、愛する。しかし、人びとは神を人間であるかのように考えて行動することはない……。

古典的論争、ふたたび

エヴァンズ＝プリチャードは、ヌアーの神概念を人びとの語りや実際の行動を通して詳細に記述した。それは、ひとつの社会の事例をとおして、人類学の古典的な論争にふたたび光をあてる試みでもあった。

レヴィ＝ブリュルは、ある物が同時に別の物でもありうるという未開社会の前論理的な思惟のあり方を提示した。たしかに、ヌアーも人間の双子を鳥だと言う（「鳥のようだ」ではなく）。しかし彼らも日常的に双子を前にして鳥だと言ったり、鳥のように扱ったりするわけではない。では、なぜ双子は鳥だと言われるのか。

エヴァンズ＝プリチャードは、双子も鳥も霊と関係があり、ともに「上界の人びと」「神の子どもたち」ととらえられていると指摘する。[*10] 人びとが「双子は鳥だ」と言うとき、それは外見について述べているのではない。双子の人格ないし魂（「ティエ」）の神との特別な関係を示唆している。つまりそれは、双子と鳥との二者関係ではなく、双子と鳥と神との三者関係をあらわしているのだ。

ヌアーでは、同じく雨は神だと言われるが、神は雨だとは言えない。つまり、これらの表現は同一性の言明ではない。ある特性を共有しているという点で等しい。レヴィ＝ブリュルがそこに「融即」という神秘的な結合を見いだしたのは、未開人がそれらを現実関係と誤認しているという前提に立っていたからだ。エヴァンズ＝プリチャードは、「AはBである」という言明には、Cとの関わりで同じ性質を共有している点が見逃されてきたのだと論じた。

さらに「供犠」も論点になる。[*11] スミスは、未開人の供犠を神と信者とが共食をして一体になる饗宴ととらえた。人びとはクランのトーテムであり、神でもある供犠獣を食べることで霊的な力を得た、と。このスミスの解釈は、ヌアーの事例にはあてはまらない。ヌアーの供犠では、神が獣の生命を受けとり、人間が何を望んでいるかを聞くために呼びだされている。それはモースとユベールが提示した聖と俗との交流に近い。だが、ヌアーは神がもたらす災難を避けるために、神を遠ざけるために神と交流をはかっている。つまり神と一体になるのではなく、神と人間の分離が目指されている。その意味で、ヌアーの供犠はタイラーが説いたような神への贈与であり、モースが『贈与論』で示した交換や契約の論理を見いだすことができる。

一九世紀末に提起された問題群が二〇世紀半ばでもさらに探究された。そしてそれらの議論は、二一世紀の人類学でもあらためて脚光を浴びるようになる。

3　自然と人間

天候不順など自然の脅威に対して捧げ物を供犠して神に祈る。病気や災厄からの回復を祈って儀礼を執り行なう。人間はなぜ神秘的な力にすがるのか。

二〇世紀半ば、こうした問いへの人類学理論が深められていく。なかでも重要な議論を提示したのが、スコットランド出身の人類学者、ヴィクター・ターナーだ。一九六六年の米国ロチェスター大学ルイス・ヘンリー・モーガン講座をベースに出版された『儀礼の過程』(一九六九年)は、宗教儀礼についての人類学を代表する理論となった。

ターナーは、ザンビアのンデンブでのフィールドワークをもとに、儀礼のもつ象徴的な構造をあきらかにした。最初にターナーはンデンブの「イソマ」という儀礼をとりあげる。[*1]それは「女の儀礼」「出産の儀礼」というカテゴリーに入る儀礼で、「祖先の霊あるいは亡霊の儀礼」の一項目でもある。というのも、この儀礼は女性が自分の母系親族の祖先の霊を敬う義務を怠ったために、怒った亡霊に生殖の力を「停められる」ことに関係した儀礼だからだ。

ターナーの象徴分析は、エヴァンズ゠プリチャードがヌアーの宗教的概念を緻密に記述したように、人びとが自分たちの儀礼についてどのように考えているか、そこにある意味構造を発見しようとする試みであった。

シンボリズムの意味構造

イソマの儀礼の背後には、母系出自と夫方居住婚との構造的な緊張関係がある。ンデンブの女性は、生まれ育った村を離れ、夫のもとで生活する。だが生まれた子どもは、母系原理から女性の出身村の母系親族に属するとされ、夫方居住の実態と矛盾している。母系親族の亡霊が子を産む能力を奪うのは、女性が結婚によって母系親族のことを忘れ、夫側に片寄りすぎたからなのだ。

イソマの儀礼は、母系出自と婚姻との正しい関係を回復し、夫婦の婚姻関係を再建し、女性が子どもに恵まれるように願って行われる。同時に、生きている人間が亡霊を呼び起こすために唱えた呪いの力を消し去る目的もある。女性の母系親族の誰かが、その母系親族の村近くの小川の水源で女性に対する呪いを唱えたと考えられているのだ。そのため、儀礼は女性の母系親族の村近くで行われる。女性は長い間、その村に夫が建てた小さな草の隔離小屋に住み、夫も妻方居住のようにそこで彼女と一緒に生活する。

占い師は、呪いが唱えられたと考えられる小川の水源近くで大ネズミかオオアリクイの隠れ穴のどちらを儀礼の場所とすべきか判定する。これらの動物は、いずれも穴を掘ったあとでそれを塞ぐ。それが女性の生殖力を隠した亡霊の出現を示す印だと考えられていた。儀礼集団は、女性の夫が調達した赤い牡鶏と、女性の母系親族が用意した白い牝の若鶏とを一羽ずつ集める。そして占い師が呪いのかけられた場所と判定した小川の水源に出かけて動物の隠れ穴の跡を探し、「汝が子供たちを殺したものなら、こんどはその女に子を産む力を与えなさい」と動物に呼びかける。[*2]

この隠れ穴の塞がれた入口と、そこから一・二メートルほど離れた二ヵ所に草の束がおかれる。それぞれの下の土が取り除かれ、深い穴が掘られる。適当な深さまで達すると、他方の穴に向かって掘り進められ、人間一人が通り抜けられるトンネルで結ばれる。トンネルの左右両側に火が焚かれ、右側の火を男たちが使い、左側を女たちが使う。

儀礼の主宰と副主宰は、儀礼集団が儀礼のための聖地の準備をしているあいだ、森に薬を探しに行く。一六種類あまりの樹木から樹皮や根、葉などが集められる。いずれも儀礼のなかで象徴的な価値をもつ。たとえば、丈夫な材質の木は「強くする」、実がなる木は「子が産めるように」、表面がつるつるしている木は「病気を滑り落とす」といった意味がある。樹皮や葉は、女性によって臼で搗き砕かれ、冷たい薬と、火であたためられた熱い薬とに分けられる。

儀礼の聖地に掘られた二つの穴（イケラ）は、動物が塞いだ入口を「熱いイケラ」（＝「死」）、あらたに掘られた穴を「冷たいイケラ」（＝「生」）と呼ぶ。病人の女性は、冷たい薬と熱い薬をふりかけられ、冷たい「生」の穴から入る。女性は、白い牝の若鶏を渡され、子どもを抱くように左胸に抱きしめつづける。女性が「生」の穴から熱い「死」の穴に向かうと、夫があとからついて行く。そして、二人で「生」の穴に戻って再び薬をふりかけられる。それがもう一度くり返される。休憩（列席者と夫が発酵酒《ビール》を飲む）をはさんで、今度は夫が先に立ってくり返し、次にもう一度、妻が先に立ってくり返す。その動きは二人がいったん死に、生まれ変わることを意味していた。

夫婦は腰布だけを身につけている。それは幼児であり死体であることを象徴している。最後に、熱いイケラの右側（男の側）に両足をくくって置かれた赤い牡の鶏の首が刎ねられ、生贄として捧げられる。この牡鶏の血と赤い羽毛を熱い死のイケラに注ぎ込むのが儀礼のラストシーンだ。

ターナーは、儀礼のさまざまな象徴《シンボル》の分類構造を提示する。動物の穴と新しい穴、冷たい生と熱い死、赤い牡鶏と白い牝の若鶏……。それらの象徴は、人びとが人生経験のうちで身につけた感覚にねざすからこそ、心理的効果をもつ。ターナーは「神秘的な力」とされてきたものが、象徴の分類構造とその操作にもとづいていると論じたのだ。

こうした儀礼の分析を通して、ターナーは、フランスの人類学者ヴァン・ジュネップが『通過儀礼』（原著一九〇九年）で規定した分離・周辺（過渡）・再統合という三段階の図式を発展させ、「リミナリティ（境界性）」と「コムニタス」という概念を提示する。リミナリティは、儀礼の参加者が世俗から分離された境界線上のどっちつかずの状態にあることを指す。この境界線上に置かれた儀礼参加者のあいだには、強い仲間意識と平等主義が芽生える。その平等な個人で構成される未組織で未分化な社会関係の様式をターナーは、通常の「共通の生活の場」（＝「コミュニティ」）と区別するために、ラテン語で「コムニタス」と呼んだ。

絵の画中の人となって描く

ターナーが洗練させた儀礼の象徴分析は、非合理的で不可解にみえる儀礼がきわめて理にかなった意味体系をもつことをあきらかにした。しかし、宗教をめぐる象徴構造を理論的に解釈するだけでは不十分なのではないか。そんな問いかけがなされるようになった。日本の人類学者、岩田慶治（一九二二―二〇一三）もそう考えた一人だ。

岩田は、一九八二年刊の『創造人類学入門』で、人類学のフィールドワークのプロセスを調査者の文化と相手の文化との相互作用を深める過程として描いている。[*3]そこで重視したのが「相手の立場にたつ」という姿勢だ。調査者が村人と同じように伝統儀礼に参加して「相手の立場にたつ」には、その文化の根底にある世界観を理解しないといけない。それは「彼の世界についての彼の見方を理解すること」を重視したマリノフスキも指摘したことだ（本書五四頁）。

だが岩田は、さらに踏み込む。村人がこの世とあの世の存在を前提にしているなら、調査者もこの世だけでなく、あの世の眺めが見えなければならない。宗教儀礼を虚構の習俗としてではなく、リアリティを映すものとして経験するには、この世という前景とあの世という遠景をともに見る必要がある。背景のない絵はなく、地によって裏打ちされない柄はない。だから表面的な絵柄だけを見ていてはだめなのだ。岩田は、それが分析・解釈・理解の立場から一歩進めて、ともに自由になる創造の地平に立つことだという。

岩田の独創的な人類学は、科学的な知とは異なる創造的な知に向けられていた。『アニミズム時代』（初版一九九三年）では、人類学者が相手の立場に立つことを「自ら描こうとする絵の画中の人となって描く」と表現している。[*4] 異文化を客観的に解釈するだけでなく、みずからその世界の住人になる。そうすれば描かれた絵が生き生きと動きはじめ、「絵が、絵ではなくて真実の風景になる」。人びとの描く宇宙という一枚の絵を前に、信じたり迷ったりしながら、最後に自分からその絵のなかに歩み入る。すると魂が森羅万象と自由に交流できる。岩田にとって「アニミズム」は調査対象社会の宗教というより、その世界にふれた一人の人類学者としての生き方の問題だった。

言葉は人間のあいだでは通用するが、人間と自然のあいだには通用しない。人間と木が対話することはないし、人間と魚、人間と鳥が話し合うこともない。しかし、宗教の世界ではそれがありうる。言葉を介在させずに人生と自然を直接に考える。その岩田の試みは、人類学の調査であれば、互いに言葉という文化の衣装を脱ぎ捨てて交流することを意味する。人間と自然のあいだなら、言葉や概念でとらえるのではなく、水が水に出会うように草木虫魚と対話する。言葉／文化から解放された地平に立つからこそ互いに自由になり、創造的になる可能性が生まれるのだ。

言葉ではなく、直接に自然のなかでカミと出会う。そのためにも体に無数の穴をあけ、森羅万象のなかに融けこむように体の作りそのものを変える。[*5] それが「自分をふくむこの世界を新たに創造すること」であり、「現代文明の根っこを築き直すこと」になる。そうできなければ「二十一世紀に今のような文明が生き残るはずはない」。

岩田は、原始的宗教とされてきた「アニミズム」を過去の遺物ではなく、「今日的であり、かつ、未来を志向する宗教」ととらえた。それが「ネオ・アニミズム」の立場だ。

○○族の表現がそのまま人類学者の表現になるのでなければ、その資料はイツワリの資料であり、その上に築かれた理論は空中楼閣にすぎない。しかし、たいていの場合は、「○○族は木に魂が宿っているというが、私（＝人類学者）はそうは思わない」というデータの後半部を切り落として、その前半部分を○○族の宗教観念としているのである。自分が信じないのだから、他を欺くものといわなければならない。[*6]

岩田の立場は、一九七三年の『草木虫魚の人類学』から一貫している。その姿勢は、人類学者による一方的な解釈や文化の翻訳の権力性が批判された一九八〇年代の実験的試みのはるか先を行くものだった。

パースペクティヴ主義と多自然主義

ターナーも『儀礼の過程』の冒頭で、それまでの宗教研究が宗教現象を心理学的・社会学的な諸原因だけで説明し、人間性を超えたものにその起源を求めることを拒絶する「神ぬきの神学」だったと述べている。[*7] それでも、ターナー自身も、人類学の概念を用いて宗教の神秘的な現象を理解可能なものにしうることに意義をみいだしていた。それはあくまで科学的分析を主眼とする人類学にとどまっていた。

こうした人類学者の「理解」に対して大きな転回を迫ったのが、存在論的転回の代表的論者、エドゥアルド・ヴィヴェイロス・デ・カストロだ。彼はアメリカ先住民の研究をもとに「パースペクティヴ主義」という存在論を提起した。[*8] これは、人間だけが超越的な視点をもつといった人間中心主義を拒絶し、あらゆる人間以外の存在者も自ら人格をもつと考えていることを前提にする立場だ。2章の最後にふれたように、人類学者が一方的に異文化を理解可能なものとして解釈することから距離をおき、他者の見解を固有の存在論として受けとめるべきだという潮流と軌を一にしている。

人間が自分たちを人間とみなし、動物を動物とみなすように、あらゆる非人間的な存在者も、潜在的に人間であり、パースペクティヴをもつ。ペルーのアマゾンに住むマチゲンガは、ジャガーが自分たちを人間のように考えていて、人間をバクやペッカリー（ヘソイノシシ）のように獲物とみなして殺す、という。ジャガーは、人間のように、血をトウモロコシのビール、毛並みや爪などの身体的特性を装身具や文化的な道具と思っている。それは、人間にとって「自然」でしかなかったものを「文化」をもつ存在者とみなす視点でもある。

ヴィヴェイロス・デ・カストロは、このアメリカ先住民のとらえ方から人類学そのものの転換を主張した。文化相対主義やそれにもとづく多文化主義は、一つの自然と複数の文化の存在を前提にしてきた。たとえば木は、科学的に同定できる一つの自然の種で、そこにンデンブが神秘的力をみいだすのは、彼らがそういう表象をする文化をもつからだ、と。しかしアメリカ先住民は、逆のことを前提としている。人間に限らず、自然の万物は「人間的なもの」であり、思考する主体である。つまり、客観的に実在する多数の存在である。その意味で、パースペクティヴ主義は、多自然主義なのだ。

ヴィヴェイロス・デ・カストロは、このパースペクティヴ主義について、人類学の別の思考のあり方を企画し、西洋中心の人類学を根底から覆すものだと位置づけている。その議論は岩田のネオ・アニミズムと同一ではない。しかし、それらは人類学者が研究対象を科学的に分析するのではなく、その人びとの見方自体をみずからの思考の様式として、生き方として、実践していく試みだった。

さて、「科学」から下りた人類学は、どこに向かうのか。次が最後の旋回になる。

6章　病むこと、癒やすこと

1　災いの原因

感染症のパンデミックに限らず、人類はずっと「病むこと」に苦しめられてきた。病気からの回復を祈り、聖なる王や神々の治癒の力にすがる。人間の健康への願望は、これまでたどってきた政治や宗教の営みとも深く関わっている。近代医学という科学と交差する領域でもある。

最後の旋回では、この病むことと癒やすことをめぐる人類学の歩みを掘り下げていこう。このテーマは、人類学が異文化という他者に向き合うだけでなく、同じ身体をもつ存在として人間について考え、実践する学問へと変容してきた道のりとも関わっている。

人が病み、ときに死に至る。それは避けられない。この「病気」や「死」を人類学の研究対象として明確に提示したのは、イギリスの人類学者で医師でもあるW・H・R・リヴァース（一八六四―一九二二）だ。彼の死後に刊行された『医療、呪術、宗教』（一九二四年）

では、「医療 medicine」とは社会的な実践であり、文化的な信念と関わる営みであると論じられている。[*1] 何が病いの原因となるのか、社会によってさまざまなとらえ方がありうるからだ。

リヴァースは、一般的に病気は三つの要因から起きると考えられてきたという。①人間、②人間ではないが人格化された超自然的存在、③自然的要因。とくに「未開社会」では、最初の二つが病の原因になると信じられており、自然の要素はほとんど想定されていない。つまり、その病を癒やすには、人間関係や精霊／神々との関係を再調整することが必要になる。だから「癒やすこと」は、呪術（magic）や宗教（religion）と切り離せないのだ。

人間や超自然的存在が病気をもたらす

人間や超自然的存在が病気の原因となる。それはどういうことなのか。リヴァースは、ヨーロッパ中世においても、病気のおもな原因が呪術だと考えられていた点を指摘する。この呪術の効力は、人間の呪術師の力のもとで人間ではない霊的な存在によってもたらされるものだ。

多くの「未開社会」では、呪術は純粋に人間によって使われる。現在のバヌアツのアンブリム島では、木から落ちて人が死んだりケガをしたりした場合、それは自然現象ではなく、邪術師（sorcerer）の仕業だと説明される。メラネシアでは木登りは日常のことなので、ふつうは木から落ちたりしない。だから邪術師が木の枝を弱くしたり、ないはずの枝があるかのような幻覚をつくりださなければ、地面に落ちるはずはないと考えられるのだ。

同様に戦闘での死やケガも敵の強さや守りの弱さのためではなく、邪術師のせいにされる。蛇に嚙まれるのもそうだ。蛇はただの毒をもつ動物ではない。それは邪術師によって犠牲者の通り道におかれたか、邪術師から特別な力を与えられた存在である。人を嚙む蛇は、ふつうの蛇ではなく、邪術師そのものだと考えられることもある。ケガや病気や死という不幸は、明確な悪意をもった人間がもたらすものなのだ。

リヴァースは、それはただの空虚な信念ではないという。そこには実際的な意味がある。なぜなら不幸の原因が人間の行為にあるからこそ、その不幸をとり除くことも可能になるからだ。つまり、人の病やケガの原因をつきとめる「診断」は、災いをもたらした悪意ある邪術師を見つけだすことであり、「治療」するにはその行為を止めさせればよい。

ヨーロッパ中世の超自然的な力が病気をもたらすという信念も同様に考えることができ

る。人を病気にする超自然的な力は、もともと人間がコントロールしうるもので、その結果に影響を及ぼすことができた。霊的な力でケガや病気になると、ある種の宗教的な儀礼をとおして超自然的な力に祈願し、慰撫する。それが治療になるのだ。

リヴァースは、病気がもたらされるプロセスを次の三つに分類する。①病気をもたらす物体や物質が患者の体内に入ること、②何らかのものがその体からとりだされること、③邪術師が人の体の一部か、それに接触した物質に働きかけてその人全体に作用を及ぼすこと。

オーストラリアやニューギニアのマッシム諸島では、邪術師や精霊によって体内に物体(石や水晶や骨の欠片、葉っぱなど)が入れられることで病気になるとされる。一方、他のメラネシアの島々では物が原因となるのは例外的で、目に見えない神秘的な力が体内に入って病気になると考えられている。たとえ物が入るとされる場合でも、それ自体は媒体や印にすぎず、何らかの病原性のエキスや臭気が悪さをしているとされる。

バヌアツのバンクス諸島では、邪術師が細い竹筒に葉っぱと死者の骨などの材料を入れた道具を用いる。親指で穴のあいた竹の先端をおさえ、敵があらわれると、親指を放して竹筒のなかの邪悪な力が出ていくようにする。ある報告によると、力強い健康な男性が数日以内に死んでしまうほどの効き目があるという。こうしたケースでは、病気の治療は体内に入った物体やエキスをとりだすことが目的となる。そうした物を除去する力をもつと信じられている者が患者の体の一部を吸いとったりして、病原性の物質をとりだしてみせるのだ。目に見えない物質の場合には、体内に埋め込まれたものを除去するために、占いの手法が使われることもよくある。

逆に体内から何らかのものがとりだされて病気になるケースでは、たとえばオーストラリアのように腎臓などの臓器の脂がとられると考える例のほかに、メラネシアのように魂のようなものがとりだされると信じられることもある。精霊が人間の魂を奪うと考えられているバンクス諸島では、寝ている間に体内から抜けでてしまった魂を探しだし、とりもどすことが「治療」になる。

人体の一部や接触物への作用によって病気になるケースでは、フレイザーが定義した呪術の接触・感染の原理が関係している。ニューギニア北東部のカイの人たちは、人間の魂がその肉体だけでなく、接触しているものにも浸透すると考えている。邪術師は対象者の体の一部や接触物（髪の毛、汗、排泄物、食べ残し、体に触れた草など）を入手して、その分離された魂の一部に呪術的な儀礼を施すのだ。そうした病気の治療は、邪術師の儀礼に対抗して、囚われた魂の一部を解放することが目指される。

リヴァースが提示した病因と治癒のロジックは、じつは私たちにもなじみ深い。体内にウイルスや細菌などの病原体が入ることで病気になる。体から水分や栄養素が失われることで、体力が低下したり、病気になったりする。店に入るときに手を消毒し、その手や体が触れたテーブルや椅子がアルコールで消毒される。唾液や鼻の粘膜への付着物をＰＣＲ検査にかけて感染の有無を鑑定する。すべて現代医学のロジックだ。リヴァースはこうした「医療」をめぐる概念に共通する合理性と普遍性があることを示した。

すべての不幸は妖術のせいである

内科医で心理学者でもあったリヴァースが人類学に「転向」したのは、イギリスの人類学で最初の本格的な現地調査である一八九八年のトーレス海峡探検隊に心理学班長として参加したことがきっかけだった。その後も、バンクス諸島や西ソロモン諸島などメラネシアでの現地調査を重ねた彼の研究は、次の世代を担うマリノフスキやラドクリフ＝ブラウンらに多大な影響を及ぼしている。

これまでも述べたように、こうした複数地域の通文化的調査は、やがてひとつの社会で長期参与観察を行うスタイルに変化した。リヴァースが提示したテーマをアフリカの綿密な事例研究から深化させたのが、エヴァンズ＝プリチャードだ。彼の『アザンデ人の世界』（一九三七年）は、病気などの不幸の原因を人びとがどう考え、いかに対処しているのか、その内的論理を克明にあきらかにした。

エヴァンズ＝プリチャードは、それまで研究者が恣意的に使ってきた「呪術」をめぐる用語について、現地の人びとの観念をもとに明確な定義を示した。[*2] たとえば、アザンデ人は、「邪術師 sorcerer」と「妖術師 witch」をはっきりと区別している。邪術師は悪意をもって悪い呪薬を用い、呪術儀礼を行って他人に危害を加える。一方、妖術師は生まれつきの特性であって、呪文を唱えたり、呪薬を用いたりしない。それは恨みなどを抱くことで他人に災いをもたらすもので、体内に存在する物質＝妖物に起因している。その妖物は親から子どもへと遺伝する。

誰が妖術師なのかは、すぐにはわからない。占いの一種である「託宣」によってある人物が妖術師と判断されたり、死体を開腹して妖物が発見されたりする。埋葬前に死体からウジが出てくると、妖術師の印だとされることもある。ただし親からの遺伝で妖物をもっていても不活性な「冷たい」状態にあると、妖術師とされることはない。多くの場合は、誰かを妖術師と特定しないかぎり、妖術は一般的な災厄をもたらす力としてイメージされている。

人の死は基本的に妖術によるものだと考えられている。だからその死をもたらした妖術師に復讐しなければならない。かつては妖術師とされた者が殺されることもあった。本人に賠償を請求したり、死をもたらす呪術によって復讐したりもする。アザンデは、複数の王国群から成り立っていた。人の死が妖術によるのか、誰が妖術師なのかは、為政者である王子が託宣によって確認する。その結果は犠牲者の遺族と王子との秘密で、誰が妖術師なのか、知れ渡ることはない。遺族が服喪のタブーを守るのをやめると、周囲の者は復讐呪術が成就したことを知る。

人びとは「妖術が火のようなもので、光を発する」という。[*3] エヴァンズ＝プリチャードも、真夜中に一度だけ妖術の光がある男の家のほうに移動するのを目撃した。翌朝、その家に同居していた親類の老人が死んだ。エヴァンズ＝プリチャードは、誰かが排泄のために草に火をつけてもっていたのではないかと推測するが、光の動いた方向とそれにつづく死がアザンデ人の観念と合致していたと認める。

光は妖術師そのものではない。その体から遊離した妖術の魂が発している。妖術師は寝床にいて、肉体の魂を奪うために妖術の魂が遣いに出るのだ。奪われた魂は妖術師が仲間とともに貪り食うという。妖術は遠くまでは追ってこない。なので病気になった者が家族以外は知らないブッシュの小屋に避難することもある。隣人の家から離れていれば安全でいられる。アザンデが広大な土地に分散して暮らしてきたのは、妖術の攻撃を避けるためでもあった。

妖術の作用は人をゆっくりと死に導く。妖術師（の遣い）は長い時間をかけて何度も犠牲者のもとを訪れ、肉体の魂を少しずつ奪って食べる。食べ終わると、その者は死ぬ。ゆっくりと消耗していく病気が妖術による病気の典型なのだ（急病の原因は邪術だとされる）。妖術師は危害を加えたいと思う人物の体に何かの物体を撃ちこむともいわれる。その場合、撃ちこまれた部分が痛むので、治療者である妖術医が痛みの原因となった異物をとり除く。それは物であることも、昆虫やその幼虫ということもある。

なぜ妖術などの概念が発達したのか。エヴァンズ＝プリチャードは「妖術概念は人間と不運な出来事とのあいだの関係を説明し、またそれによって人間が不運に対処できる既存の手段を提供してくれる自然哲学となっている」と述べる。[*4] 妖術はアザンデの人びとの日常生活の隅々まで浸透している。農作物が病気で枯れるのも、狩りがうまくいかないのも、妻が不機嫌で夫に従わないのも、妖術のせいである。あらゆる失敗や不運や不幸は妖術がもたらすのだ。

あるとき少年が小道で木の切り株を踏みつけてケガをした。傷口が化膿しはじめると、少年は妖術師が自分の足を切り株にぶつけさせたと断言した。エヴァンズ＝プリチャードは、もともと切り株はそこにあったので、それを踏みつけたのは彼の不注意のせいだと指摘した。だが少年は、自分はいつも十分に注意して歩いているので、妖術をかけられなければ切り株に足をとられることはなかったと反論する。しかもふつうならすぐ傷口が閉じるのに化膿して開いたままで治らない。だから妖術のせいなのだ、と。

彼らも自然の因果関係を知らないわけではない。切り株が自然に生えた木からできることも、それを踏むとケガをすることも知っている。でもいつも歩いている道で、なぜその日にかぎって踏みつけたのか、傷の治りが悪いのかは説明できない。私たちが「不運」とか「偶然」とか、「不注意」で片づけてしまう出来事をアザンデ人の「哲学」は妖術という自分以外の作用によって説明可能にする。自己責任論とは対極にある態度だ。

アザンデの事例はリヴァースがあげる例と驚くほど重なる。現代の私たちは微小なウイルスに感染することすら本人の不注意や対策の不備のせいにして責める世界に生きている。病いや死の因果をどうとらえ、説明するのか。そこには非科学的な迷信だと切り捨てられない問いがある。

2　医療人類学の地平

なぜいま私が病いを患うのか。不幸に見舞われるのか。病気や災害など、人間が災いの原因を自問し、思い悩むのは、医療や科学が発達した現代でも変わらない。この病因論／災因論は、人類学の主要なテーマのひとつになった。

アフリカのアザンデ社会を調査したエヴァンズ＝プリチャードは、不幸の原因を妖術に求める態度に、ある種の「哲学」を見いだした。それは、不可知の自然現象を人間が介入しうる説明可能な出来事に変える。レヴィ＝ストロースは、『野生の思考』（一九六二年）のなかで、エヴァンズ＝プリチャードの議論に言及したうえで、ユベールとモースの言葉を引きながら、呪術と科学を次のように対比させている。

呪術的思考とは「因果律の主題による巨大な変奏曲」なのであって、それが科学と異なる点は、因果性についての無知ないしはその軽視ではなく、むしろ逆に、呪術的思考において因果性追究の欲求がより激しく強硬なことであって、科学の方からは、せいぜいそれを行きすぎとか性急とか呼びうるにすぎないのではなかろうか？[*1]

病院の医者は病気の診断はしても、なぜいま私がそうなったのか、説明してくれない。原因がわからないことが人を不安にさせる。どこでどう間違ったのか、何が悪かったのか。いまなお私たちはその答えを必要としている。

社会と結びつく身体

科学としての医療は、人間の身体を自然の生態現象とみなす。だから身体の異変である病気に対して、それを引き起こす自然の原因が探し求められる。それ以外の因果関係の説明は「迷信」や「誤解」となる。病むことと癒すことをめぐって、この点がくり返し論点となってきた。

そもそも人間の身体とは何か。イギリスの人類学者メアリー・ダグラス（一九二一—二〇〇七）は、『象徴としての身体』（一九七〇年）のなかで、身体を象徴表現《シンボリズム》の視点でとらえ、社会的身体と生理的身体との関係を論じている。[*2]身体の生理的経験は、社会的範疇に限定されながら、社会に対する見方を支える。この二つの身体経験のあいだには意味の交流があり、それぞれが互いの範疇を補強している。

ダグラスは、身体的規制は社会的規制の一つの表現だという。きちんとなでつけた頭髪とぼさぼさの頭髪。その対比は職業や嗜好性と結びつく。ぼさぼさの髪は、社会的支配への怒りに満ちた抵抗の形式として若者のあいだで流行する。きちんとした髪型を選ぶ公認会計士や法律家などは、ぼさぼさ髪の若者が好むものに批判的な態度をとるだろう。芸術家や大学人は、社会に批評を加える立場なので、髪型に適度な乱れを加えるかもしれない。つまり、私たちが自然の一部とみなしている生理的身体は、象徴表現という社会的身体でもあるのだ。

ところがそうした身体への統制は、ある種の宗教的な恍惚状態では放棄され、形式主義が排撃される。この恍惚状態は病気の治療にも利用される。ダグラスは、ローナ・マーシャルによるカラハリ砂漠のクン・ブッシュマンの研究を引いて説明する。人びとは、完全に意識を失った状態は危険だが、半ば意識を失った中間的恍惚状態は健康と祝福を獲得するのにふさわしい手段だと考えている。そして治療のための舞踏儀礼で病を癒し、悪を追放しようとする。

正確な手拍子と足拍子で複雑なリズムを刻み、男と女が声をそろえて医術の歌を合唱する。いくつかの舞踏のあと、男性の呪医が治療をはじめ、みずから恍惚状態になって、やがて狂乱状態に達する。女性は熱心に歌い、手を叩きつづける。治療のための手拍子と足拍子、歌と舞踊で集団が一体化し、みなで一緒に神に向き合う。呪医は恍惚状態によって日常から自身を解き放ち、恐怖や怠惰に打ち克って、神々に悪を持ちかえるよう要求するのだ。

ダグラスは、こうした恍惚状態を危険とみなさず、恵み深い能力の源泉として共同体全体を導くとされるところでは、共同体の構造がゆるやかだと指摘する。そこでは境界線が重要性をもたず、社会的範疇が不明確なはずだ、と。

明確な社会的範疇を維持するロンドン市民に対して、周囲に住む西インド諸島出身者たちは、個人がゆるやかに結びつき、境界があいまいで流動的な弱い構造しかもたない。ダグラスは、この場合、ロンドン市民に比べ、西インド諸島出身者は不明確な象徴形式を求め、身体にあらわれる人格の分裂をより好むという。彼らの身体支配の放棄=恍惚状態をともなう宗教実践は、さまざまな範疇に分化していない社会の連帯のあり方を表現している。

ダグラスは、明確な境界をもつ社会単位の経験を「グループ」、一人の人間が自己を中心に他者と関係づけられ、社会範疇の境界を前提にしない状況を「グリッド」として区別する。グループは、人間の身体にたとえられる。口や肛門といった身体の開口部は、共同体への不法な侵入を防ぐために注意深く護らなければならない。このグループを身体とみなす象徴表現は、内を善、外を悪と規定する。だから異端を排斥したり、魔女を恐れたりする社会は、身体を用いた象徴表現が豊かになる。そうした社会では、忠誠心を求め、境界を重視し、開口部を防備し、混同すべからざるものを混同してはならないと強調される。

一方、どんな社会集団からも比較的に自由なグリッド的状況では、社会的関心事を表現するのに身体の本質的に境界づけられた性質を利用できない。生理的身体はつねに社会的身体と密接につながっている。だからこそ身体の象徴表現から社会の姿が浮き彫りになる。ダグラスは、この二つの身体の結びつきが狩猟採集民から高度に産業化した国民にも等しくあてはまると論じた。病むことと癒すこと。それはつねに自然と文化の交わりのなかにある。

科学と文化を架橋する

一九七〇年代、病気とその治療というテーマは重要な人類学の研究領域になる。あらたに誕生した「医療人類学」の教科書もこの時期に刊行されている。代表的な著作がジョージ・M・フォスターとバーバラ・G・アンダーソンの『医療人類学』(一九七八年)だ。フォスターらは、医療人類学を大きく生物医学的研究と社会文化的研究の二つの流れのなかに位置づけ、それらを統合的に論じようと試みた。[*3] もともと自然人類学では、進化における生態学的な適応戦略として病気と身体機能の関係を研究してきた。一方、「未開社会」を対象にした古典的な民族誌の研究は、呪術などの文化的な視点から病気をとらえてきた。

フォスターらは、生物学的適応と社会文化的適応の両側面にふれたうえで、どの社会にも医療システムがあり、それらを通文化的に比較研究する意義を強調している。[*4] そして医療システムの普遍的構造をあきらかにしようとする。たとえば、どんな医療システムにも少なくとも患者と治療者がいて、病気の原因となる因果関係や治療技術についての知識体系(疾病論システム)とその知識を患者の治療や支援に役立てようとする社会制度(ヘルス・ケア・システム)がある。

非西洋社会では伝統的な疾病原因観が残ってきたのに対し、西洋社会では疾病の原因を科学に求める傾向が支配的だ。それでも文化と無関係ではない。アメリカでは病気が細菌やウイルスによってもたらされると考えられている。病気を実験室や臨床での検査によって確証される生物学的な病理状態とみなしているのだ。しかし文化的に病気をとらえると、病いはまったく違ったものになる。

フォスターらは、病理学的概念である疾病（disease）と文化的概念である病い（illness）を区別すべきだという。たしかに文化とは無関係に植物や動物の「疾病」について語ることはできる。しかし人間の疾病は生理学的機能不全が個人や社会を脅かすものとみなされ、「病い」と定義されたときにのみ社会的に重要となる。

たとえば一九世紀のミシシッピー川上流域では、マラリアはありふれていて、病的なものとは考えられていなかった。開拓者が西部に進出するなかで「寒け」は順応のための避けられない必須要素とみなされ、何年間か「震え」を経験したあとは、そのことに慣れて少々の「悪寒」には注意を払わなくなる。何が病いで何が病いでないかは文化が決定しているのだ。

二〇世紀半ば以降、非西洋社会にも科学的な医学の知識や制度が広く導入されるようになった。ローカルな伝統医療と現代医学とはどう並存しうるのか。フォスターらは、それらがかならずしも対立的とは限らないという。[*5]

しばしば人類学者は伝統医療の疾病観の重要性を強調し、西洋医学の不備を指摘してきた。しかしその一方で多くの非西洋社会で近代的な医療サービスが受け入れられ、求められてきた現実がある。伝統医療の治療者自身が患者の期待に応えるべく、病因論や治療法、儀式のやり方などを変化させることもある。すべてのヘルス・ケア・システムは、傷病者の必要と期待に合致しなければ生き残れないからだ。

さらに欧米でも現代医学だけが利用されているわけではない。アメリカでは、オステオパシー、カイロプラクティック、鍼療法、心霊主義など、さまざまな民間療法が用いられている。治療法を変えることの経済的、社会的、心理的な利益がその負担よりも上回れば、人は科学的根拠を問わずに、あらたな医療システムを受け入れる。フォスターらは、こうして複数の医療システムを比較しながら科学と文化を架橋して論じている。

生物医学とは異なるパラダイムへ

二〇世紀後半、国際的な公衆衛生への関心の高まりのなかで、医学の専門教育に人類学の知見がとり入れられるようになった。フォスターらは、そこで医学と人類学の研究とを統合する道を探ろうとした。それに対し、医学と人類学の明確な差異を強調したのが、医療人類学の先駆者であるアーサー・クラインマンだ。

クラインマンは、一九六七年にスタンフォード大学で医学博士号をとったあと、一九七四年にハーバード大学で社会人類学の修士号を取得した。精神科医でありながら、科学的な生物医学とは一線を画す人類学の著作を数多く刊行している。彼の最初の単著『文化のコンテクストにおける病者と治療者』（一九八〇年、邦題『臨床人類学』）では、台湾での精神障害に関するフィールドワークをもとに医療人類学の目指すべき方向性が鮮明に提示されている。

クラインマンは、医療とはそもそもひとつの文化システムであり、それをヘルス・ケア・システムとして全体論的に研究すべきだと論じた。[*6] この視点は、かならずしもフォスターらの議論と大きく異なるわけではない。クラインマンも、医療を通文化的に研究することが重要だと主張している。だが彼は、医療を社会的諸制度と人びととの相互作用のパターンを秩序づける象徴的な意味システムだと考えている。そして台湾での調査から、心身の不調が文化的に「病い」とラベリングされ、そのラベルが儀礼的に操作されて、最後に「治った」「もう元気」というラベルに変わる過程をあきらかにする。つまり病気とその治癒は、もっぱら象徴的に認知され、操作される文化的事象なのだ。

クラインマンは、医療人類学と通文化研究は、生物医学との対話の道を開きつつも、生物医学とはまったく異なるかたちで病気とヘルス・ケアをあらたに概念化していくだろうと述べる。[*7] 主要な関心は社会科学と保健科学のはざまというユニークな場所の開拓に向けられる。それは、生物医学パラダイムから距離をとり、人類学独自の民族医学パラダイムを提唱することを意味した。クラインマンは、やがて生物医学が人類学の知識を受け入れ、病気が病者や治療者の意味のコンテクストからなる「本質的に意味論的な問題」だと認識される未来像を描く。

クラインマンの問題意識の根底には、現代の医療専門職が医療分野の支配権を要求し、国家がそれを認めている現状への強い疑念がある。生物医学的な還元主義と技術への固着は、ヘルス・ケアの問題をうまく理解も処理もできない。その分析道具は自己反省を欠いており、社会的な実践である医療についてごくわずかしか語りえない。その知識体系は、科学でありながらも、一種のイデオロギーになっている。

現状では、社会科学の貢献がなければ、「疾病」でさえ適切に分析できず、医療専門職による病気の概念化は、象徴的ネットワークである「病い」の理解には無力である。とるべき道は、はっきりしている。

医学、精神医学、公衆衛生の専門家は、自分たちの重大な限界を認めて、職業上要求している権利を大幅に縮小すべきである。あるいは、健康と病い、そして病気とケアの日常的なコンテクストを、みずからの専門領域のなかにとりこむように改めるべきである。後者の道は、生物医学的枠組が民族医学的枠組に歩み寄ってアーチを架け、両者を統合することを意味する。この統合は現時点では実現していないが、もし実現すれば社会的・文化的な問題や方法をとりこむように医学モデルをつくり直すことになるし、保健科学のプログラムとそれを実行する専門職を根底から変えることになるであろう。[*8]

クラインマンの言葉には、どきりとさせられる。「医療専門職」が経済活動や生活様式にまで口をだすようになった時代にあって、医療人類学はどんな地平を切り拓こうとしてきたのか。科学そのものが人類学の研究対象になりはじめた時代の流れのなかで、医療人類学は近代医療という巨大システムへの挑戦でもあった。

3　ケアの視点

病いは突然、私たちの身に降りかかる。それは文字どおり、世界を一変させる。医療人類学を牽引してきたクラインマンは、二〇一九年の新著『ケアのたましい』で、妻ジョーンの病気とケアの経験を赤裸々につづっている。二〇〇九年の夏、二七年も暮らした自宅の寝室で、ジョーンは「出て行って！」と叫んで、ベッドにいたクラインマンを叩きはじめた。

恐怖に震え、はげしく動揺する妻に「夫のアーサーだよ。落ち着いて」と冷静に呼びかけても、妻は「違うわ！　アーサーなんかじゃない！　偽者よ！」と叫びつづけた。ジョーンは非定型の早期発症型アルツハイマー病を患っていた。身近な人や場所のことを偽物だと誤認する妄想状態が典型的な徴候だ。翌日、ジョーンは起こったことすべてを一笑に付して否定した。クラインマンはこう述懐する。

わたしは研鑽を積んだ精神科医で、このような事態に対処する方法を知っているはずである。しかし、まさにいま、この事態に直面すると、衝撃にこころ折れる夫でしかない。[*1]

人が病気を患い、ケアをする。それは狭い意味での「医療」におさまらない営みである。

ケアすること、ケアされること

ケアとは何か。クラインマンは、それは「人間の発達のプロセス」だという。人は長い時間をかけて他者のケアを学ぶ。多くの社会で男の子より女の子のほうが、気遣《ケ》い《ア》が《フ》できる《ル》よう育てられる。だが、それは女性に生来ケアの才能があるとか、男性よりケアが楽にできることを意味しない。誰もがケアの担い手として成長する。クラインマンは、人間関係の中心にケアがあり、それは「分かち合い」のプロセスだと指摘する。ケアし、ケアされる。その双方が生命感や存在感といった「いのち」の現前性《プレゼンス》を経験する。それは人間の行為のなかでもっとも普遍的なものだ。ただし、ケアは優しくて感傷的なものではない。過酷で、ときに退屈で地味な作業でもある。でもそれが、家族やコミュニティ、社会を結びつける見えない接着剤になり、いかに生きるべきか、自分は何者なのかという物語を提供している。

政治家や専門職がケアについて議論するとき、論点はもっぱら財源や政策やシステムのことになる。ケアが何のためにあるのか、不問のままだ。それでケアに従事する女性やマイノリティや移民などの寄与は認知されず、十分な支援もなされない。クラインマンは、ケアの経験が定量化されないことが問題ではなく、定量化できないことに意味があると強調する。その経験は人間的交流の本質であり、ケアの「たましい」だからこそ定量化できないのだ、と。

ケアの視点は、ガバナンス、経済関係、安全安心といった考え方に変革を迫る。[*2] 権力の行使や社会統制の確立ではなく、社会的ケアの実践、ケアをする人とコミュニティの涵養こそがガバナンスに役立つ。最大利益、生産性、成長という経済の原則は、ケアをする人を支え、励ます人間関係や施設に経済的価値があるという方向に転換される。安全安心のために膨大な監視費用をかけるのではなく、ケアの保証と保護のための深い関与に安全安心の主要な機能があると再考を促す。クラインマンは「ケア」の視点から、社会や国家の再編を思い描く。ケアが中心にあるビジネス、外交、人権、グローバル・ヘルス、環境保護、所得保障、食の安全性……。その構想は「〔合衆国では〕まったく初心《うぶ》で非現実的だとして頭から相手にされない」とわかっている。それでも彼は、ケアがいまとは異なる未来の世界を想像する手がかりになると、まっすぐに主張する。

妻を介護し、看取ったクラインマンにとって、ケアが「わたし」の存在の一部になった。挫折したり高揚したりする働きのなかで自身の「たましい」が見えた。ただ、どんなケアを受けても、誰もが最後は死を迎える。つまり「たましい」に傷痕が残る。クラインマンは、その傷はケアが未完成の事業である証だという。

ケアは迷惑で、不愉快で、ときにふたりの関係を引き裂く。だが、それでもケアは私たちがなしうるもっとも重要なことである。他者と関わり、最終的に自分自身に関わる。ケアすることで、ケアされる必要性が認識できる。クラインマンのケアについての言葉は、人間存在の理解へと向けられている。

異なる文化を比較する

時計を少し巻き戻そう。一九七〇年代に重要な研究分野となった医療人類学は、日本の人類学界にも大きなインパクトを与えた。その先導役を果たしたのが、波平恵美子だ。日本で最初に「医療人類学」というタイトルで書かれた論文の冒頭、波平は次のように述べている。

科学の個々の分野の高度の発達は、かえって精神活動を持つ人間が「生きる」というのは、どういう事なのかという根本的問題をなおざりにしたまま、医学の各分野が高度に発達し、総体としての人間が見えない医療が行なわれることになる。[*3]

クラインマン同様、波平の問題意識の根底にも近代医学への懐疑的な見方がある。波平は、病気（＝病むこと）が社会文化的なものである以上、医療（＝癒すこと）も社会と文化に強く規定されると論じた。それは近代医療にも無関係ではない。たとえば、日本では勤務医に対する開業医の比率がアメリカより高く、世襲傾向がきわめて強い。しかも医師の家庭で育った子弟どうしの結婚が多いという意味では、ある種の「カースト集団」だといえる。知識や技術体系の独占、世襲制、内婚傾向、これらは日本での医師に対する社会的な評価や偏見につながっている。

こうした意味で医療体系とはひとつのイデオロギーだと波平はいう。幕藩体制のもとで西洋医学が受け入れられなかったのは、その背後にある西洋的近代科学やそれを支持する社会体制を承認できなかったからである。同様に、明治政府が漢方医に医師免許を与えず、公的な医療体系から締めだしたのは、近代国家と西欧的技術体系にもとづく産業国家に変身しようとしたからだ。

高度産業社会の医療は行きづまりに直面している。波平は、人類学がみずからの文化とできるだけ異質なものを研究することで、あらたな方向を探る道を見いだせると主張する。今日の世界は同質の世界観、同質の技術体系、国家が個人の生活のすみずみまで影響を与える社会制度や都市化など、唯一の道を選びとり、他の可能性を顧みない危険な状況に陥っている。人類学が対象としてきた伝統社会の研究は、そこで別の多様な選択肢を提示しうる。

人類学の研究は、現代の産業社会における医療体系の再検討にも応用できる。「医療」というテーマには、人類学が伝統社会だけでなく、都市や産業社会を研究対象にできる可能性が示されている。実際、波平は『脳死・臓器移植・がん告知』で現代の日本社会が直面したきわめて重要な論争に一石を投じた。「比較を通して、現在の状況が唯一絶対的なものではなく、多様な可能性の一つが実体化したものであるととらえ直すことができる」[*4]。比較すること、相対化すること、多様な可能性を浮き彫りにすること。現代的課題や状況に目を向けて研究を進めるなかで、あらためて人類学の意義や役割が問いなおされ、言語化されていった。

異なるロジックを比較する

伝統社会ではなく、ヨーロッパの医療現場の研究から先進的な理論を提示してきたのが、オランダの人類学者アネマリー・モルだ。彼女は『多としての身体』(二〇〇二年)で、オランダの大学病院での調査をもとに近代医療が身体と疾病をどう扱っているのか、綿密に記述・分析している。

対象とされた疾病は、下肢のアテローム性動脈硬化症。[*5] モルは、外来診察室で血管外科医と内科医の後ろに座り、約三〇〇の診察を観察した。病院のなかを動き回り、血管検査室で検査技師が診断ツールを扱うのを観察したり、放射線科医と病理医が下肢動脈を扱う工程を追ったりした。合併症をともなう血管病患者の治療の選択肢について議論する週一度の会議に数ヵ月にわたって参加し、手術に立ち会い、血液学者の実験室でも数日過ごした。

その調査から導かれたのは、医師と患者がともに疾病を「実行 enact」するという理解だ。診察室で医師が診断を下すまで、患者はその「疾病」には罹っていない。患者が診察室を訪れ、医師が質問したり、患者が答えたりするなかで「疾病」という出来事が生起する。そして机、椅子、家庭医、紹介状といったすべてがその疾病という出来事を「行う」ことに参加している。出来事は多くの人と物によって引き起こされる。言葉も、書き仕事も、部屋と建物も、保険システムもそこに参加している。

血管外科医は「患者がよい家庭医を持っているかによって、診断するという実践はまったく変わる」という。「参加者」の行動やあり方が異なれば、「疾病」という出来事も変わる。そこではもはや病理学的な「疾病」と文化的な「病い」との区分は意味をなさなくなる。医師と患者はあらゆる物とともに患者の痛む足の実在に形を与えている。かならずしも病理学だけがその基礎をなすわけではない。

人間的なことは、心理社会的問題に排他的に住まうわけではない。感情と解釈が重要であろうとも、それらだけが生に関するすべてを作り上げているわけではない。日常的な実在、私たちが生きる生は、また血の通う事柄でもある。それはまた、椅子と机、食べ物と空気、機械と血のことであり、身体のことである。だからこそ、これらの問題を医療専門家だけの手に委ねるのではなく、いわゆる**素人仕事**で、自由に語る方法を模索することが重要なのだ。[*6]

モルの言葉は、ヒューマニズムにあふれたクラインマンの語り口とは対照的だ。彼女は人間中心主義を超えて、あらゆる人間と非人間の結びつきのなかで「病むこと」と「癒すこと」をとらえ返そうとしている。それは人間と人間以外のものを積極的に議論の視野に入れはじめた二一世紀の人類学の潮流を反映している（7章で詳述）。病むことが人間と人間以外のものとが共同で実行する出来事だとしたら、当然、ケアという営みも人間だけの実践ではない。

『ケアのロジック』（二〇〇八年）では、モルは西洋近代と伝統社会を対比する人類学の古典的図式に揺さぶりをかけた。[*7] それは「みずからの文化とできるだけ異質なもの」をとおして自社会を相対化するのとは異なる視座に立つ。それはクラインマンや波平が前提としたような、人間的なケアを中心とする前近代の伝統社会と合理性や自律性にもとづく科学技術が優勢な西洋近代という二分法を克服する試みだった。

西洋は合理性や自律性や選択を称賛するだけでなく、豊潤で多層的なケアの伝統も持っている。〔中略〕しかし、まずもって「思いやりのある愛」と結びつけられている限り、ケアは科学技術と正反対のものとして位置づけられてしまう。近代世界における前近代の残余。そのようなケアは親切心にもとづくおまけとして与えられることもあるだろうが、科学技術に食われてしまうかもしれない。いずれの場合も、ケアと科学技術は相互に排他的とされる。でも、本当にそうなのだろうか。ケアは科学技術の**他者**なのだろうか。前者は人間的で友好的なのに対して、後者は戦術的で合理性にのみ依拠しているのだろうか。まさにここが私が介入したい場所だ。[*8]

西洋社会でも、医者や治療法を自分で選んで決める自律的な個人の「選択」だけが主張されるわけではない。「善いケア」に価値をおく伝統も維持されている。これまで西洋と他者の差異は過剰に強調されてきた。だがそもそも「選択」が個人の自律的で能動的な行為とは限らず、「ケア」が受動的なわけでもない。だからこそ「ケア」は科学技術と対立しているとはいえないのだ。

モルが調査した糖尿病の治療では、インスリンが「道徳の風景《モラル・ランドスケープ》」を変えた。インスリンが製造されるまでは、若くして糖尿病で亡くなることは悲劇的な運命だった。だが今日、インスリン注射を拒否することは自殺行為となり、道徳に関わる問題となった。科学技術は、私たちの存在の実践的枠組みと道徳的枠組みの両方を変化させる。

患者が治療方法を選択できるインフォームド・コンセントのような「選択のロジック」では、アクターはしがらみから解放され、自由を手にする。だが、アクター自身がその帰結の責任を負わされる。[*9] そこでは、自律と平等が善であり、抑圧が悪である。一方、「ケアのロジック」では、アクターは周囲の人や物とともに物事を行い、試しつづける。行為が動き回り、ケアしたり、ケアされたりする。たしかに患者は自由ではない。だが、他者に一方的に依存するだけの受動的存在でもない。そこでは、気配りと具体性が善であり、放置が悪である。それぞれ違う種類の善と悪がある。モルもクラインマン同様、「ケア」の可能性を描きだす。だが、その価値だけを称揚しようとはしない。

モルは、自身の研究が「善いケア」に組み込まれている「寡黙な」不可視のロジックを明示し、公共的な場で議論するための言語を提供していると述べる。これほど「自律的な選択」のロジックだけが急速にヘルスケアを席巻したのは「善いケア」とは何かを語るための言語が探究されてこなかったためだ。そして、その意図を従来の医療人類学の研究も念頭におきながら、次のように説明している。

一九六〇年代から七〇年代にかけて、社会科学者や哲学者はヘルスケアへの疑念を提示し始めたのだ。彼らは、善き意図がもたらす悪しき結果について、批判的に探究した。医学的な権力を疑い、問題含みの理想としての「健康」を暴いた。こうした試みの価値を否定しようというわけではない。学者たちは物事に揺さぶりをかけた。あまりに多くの医療専門家が傲慢であることに異議を唱えた。しかし、ひたすら批判を続けていくと、それは機械的になる。真実であろうとなかろうと、魅力を失ってしまう。何も新しいことを伝えてくれなくなる。再び、新しい方法で揺さぶりをかけるには、別の戦略が必要だ。[*10]

モルは、異なる社会を対比するのではなく、特定の医療実践に生じる二つのロジックを対比する。その比較を通じて多様な可能性を浮き彫りにする。「選択のロジック」だけが唯一の選択肢だと思い込んでいる読者に、現実に私たちはそれとは異なる「ケアのロジック」を実践しており、そこには別の可能性があると気づかせる。

世界には唯一の道しかないわけではない。その点は波平の議論とも通じる。だがもはや、かならずしも別の選択肢を示すためにエキゾチックな場所に出かける必要はない。私たち自身も意識しないまま実践している異なるロジックの所在と可能性を指し示すこと。それが現代人類学のたどりついた「比較」である。この点は最後の章であらためて説明しよう。

クラインマン、波平、モル、三人の語り口にはずれと重なりがある。この「距離」に人類学がこれまでどこに向かって進んできたのか、その軌跡が刻まれている。

7章　現在地を見定める

1　二分法を問い直す

本書では、人類学の黎明期から近年の研究まで、六つのテーマごとに一五〇年以上の歩みをたどってきた。最後に、人類学がいかに変わり、いまどういう地平に立とうとしているのか、その現在地を確認していこう。

これまでみてきたように、人類学の研究対象は大きく変化した。「未開」とされる社会の研究に特化することで独自の学問領域を切り拓いた人類学は、一九七〇年代以降、みずからの西洋社会も主要な研究対象とするようになった。そこには他者を一方的に表象する権力性への自覚にくわえ、人類学の基盤をなしてきた「比較」をめぐる視点の変化が大きく関わっている。

一九世紀後半に「未開社会」が学問的に研究すべき対象となったとき、いかに人類が「未開」の段階から文明をもつに至ったか、その差異を抽出して位置づけることが目指された。二〇世紀には、差異の比較だけでなく、両者の共通性にも目が向けられるようになった。経済や道徳の観念をもたず、国家などの政治体制がないとされてきた人びとのあいだにも、それらの存在が見いだされてきた。

だが違うにせよ、共通性があるにせよ、「未開」と「近代」の区別自体は維持された。この人類学が長いあいだ依拠してきた「未開」と「近代」の二分法を問いなおすこと。それが二〇世紀後半の人類学の変化を駆動してきた。

「比較」の複数性

人類進化の過程をあきらかにしようとする人類学にとって、「未開」な諸社会は文明化に至るさまざまな発展段階の証拠を示す比較対象だった。この「未開」から「文明」への単線的な進化図式が否定されると、今度は「未開社会」が「西洋近代」を相対化する役割を担うようになった。

二〇世紀前半、文化相対主義が人類学の中核的な理論となる。対等な比較対象に昇格した「未開社会」は、「西洋近代」とは異なる選択肢があることを示す説得力ある証言者となった。人類学者は、異文化の事例をもとに、欧米の価値観や社会のあり方が普遍的で優れているという自民族中心主義を真っ向から批判した。この立場は、いまなお人類学者に期待されている役回りだ。

マリノフスキはニューギニアの人びとのクラ交換に道徳的な観念を見いだし（3章）、レヴィ＝ストロースは「野蛮」とされてきた人びとの知性には科学的な知に匹敵する深さと合理性があると論じた（1章）。こうして人類学者はくり返し「近代人」の無知で傲慢な自尊心に挑みつづけてきた。その「比較」の視点は、クラインマンや波平など医療人類学者たちが近代医療システムを批判的にとらえたように、二〇世紀後半以降も役割を終えたわけではない（6章）。問題は、この古典的な立ち位置から現実の人類学が大きく変化してきたのに、世の中の人類学への認識がこの段階にとどまっていることだ。

一九七〇年代以降、西洋が研究の視野に入ると、それまで人類学者が批判の矛先を向けてきた近代社会像そのものの妥当性が問われはじめた。非西洋の事例をもとに相対化されるとき、西洋はつねにそれとは対照をなす社会として戯画化される。国家なき社会の贈与交換が西洋の比較対象として持ちだされると、西洋社会が市場経済や国家体制だけに覆われているかのようなイメージが再強化される。

この文化相対主義が陥ったジレンマから、人類学はさらなる変化を遂げる。そもそも「近代」と「未開」とに根本的な差異はない、という視点の登場だ。アパドゥライが、シカゴの先物取引とクラ交換とを対比して、それらがほとんど同じことをしていると指摘したように、近代化した社会でも、贈与交換は強固なロジックとして維持されている（3章）。つまり贈与交換は、市場経済化した西洋社会にとっての別の選択肢ではなく、私たちのものでもあるのだ。

文化相対主義者は、西洋と非西洋の諸社会を対等な異なる社会とみなした。その根底には、文化ごとに社会の成り立ちが違うという認識があった（1章）。しかし二〇世紀後半、非西洋諸国は次々と近代化への道を歩みはじめ、グローバルな人や文化の移動も加速した。もはや文化や社会を固定的にとらえる見方は維持できなくなった。そこで西洋と非西洋、近代と前近代の区別を前提としない「比較」が、現代人類学において重要な位置を占めるようになる（クラストルやヴィヴェイロス・デ・カストロのように、ある種の「断絶」を強調する議論もたえず提起されているのだが）。

バランディエは、伝統社会であれ近代の国民国家であれ、「政治的なもの」には秩序と無秩序の動態的な理解が必要だと論じた（4章）。フォスターらは、西洋と非西洋社会をともに医療システムという視点からとらえ、伝統医療と近代医療とが入り組んだ状況にあることに着目した（6章）。ラトゥールは、近代と前近代のあいだに「分水嶺」があるとする見方を否定し、私たちはいまだ近代人であったことはない、という議論を展開した（1

章・3章）。

このあらたな「比較」の方法を明確に提示したのが、前章で紹介したモルの研究だ（6章）。そこでの比較対象は、もはや文化や社会ではない。「選択のロジック」と「ケアのロジック」は、いかなる社会にも並存している。人類学者の仕事は、その異なる複数のロジックがどのように配置され、いかなる現実をつくりだしているかをたどることになる。西洋と非西洋、近代と前近代といった大きな区分だけでなく、民族や文化をもとにした社会を単位とする「比較」が批判的に乗り越えられてきたのだ。

何が「社会的なもの」を構成するのか？

ラトゥールやモルなど、近代的な科学や医療を研究対象とする人類学は、あらたな社会像を提示してきた。それが、社会的なものは人間だけで構成されているわけではない、という視点だ。人間がつくりだした「社会」や「文化」の存在を前提とする人間中心主義が批判された。ラトゥールは、みずからが提唱するアクター・ネットワーク・セオリー（ANT）の第一の要件は「非人間にはっきりとした役割が与えられているのかどうか」[*1]だと述べている。そこでは、自然物や人工物は人間と同じ「アクター」の一員となる。

ラトゥールは、人間の意図的な行為と因果関係からなる物質世界とのあいだに「まがい物の非対称性」が押しつけられてきたと指摘する。[*2] モノは物質的で因果的な関係の領域に存在し、社会を動かすのはもっぱら意図や意味に満ちた人間の社会関係の領域だと考えられてきた。そこでANTは、いかに人とモノがともに「アクター」として行為に参与しているのかを徹底的にあきらかにしようとした。科学者の実験室では何が行われているのか。ラトゥールはそれを実験器具や動物、数字や図表といった人間ではないものと人間との結びつきで「事実」が構築され、無秩序から秩序が創造される過程として描きだした（1章）。モルも医師と患者が書類や制度などさまざまなモノとともに病気という出来事を「行う」ことに参加していると論じた（6章）。

社会は人間だけでつくられているのではなく、人間以外のモノが重要なアクターとしての役割を担っている。しかもそれらのアクターは「社会的なもの」（組織や階級や民族など）というあらかじめ固定した枠組みの構成要素として動いているわけではない。さまざまなアクターがネットワークのなかで結びつくことで、そうした社会的なまとまりが現実のものとなっているのだ。この徹底した脱人間中心主義が二一世紀の人類学のあらたなスタンダードとなった。

世界は人間と人間以外の存在によって制作されている。この視点で書かれた代表的な民族誌がアナ・チンの『マツタケ』（二〇一五年）だ。[*3]『マツタケ』には二つの柱がある。一つはグローバル世界に広がる「資本主義」。もう一つは、人も含めた複数の動植物種が互いに関係しあい、依存しあう「複数種《マルチスピーシーズ》」の世界。それらが絡まり合い、世界を制作している。チンは、この絡まりを「アッセンブリッジ」という概念でとらえた。それは人間も非人間も、多様な種が出会う開かれた集まりだ。そこは純粋に生態学的なものではない。資本や国家が作用する政治経済《ポリティカルエコノミー》の場でもある。

　古くから日本で食されてきたマツタケは、いまやそのほとんどが海外で採られている。著者は、米国オレゴン州カスケード山脈東部のマツタケ採取現場に足を踏み入れる。そこでマツタケを採っていたのは、東南アジアの山地民だった。インドシナ戦争でフランス軍に訓練を受けたラオスのモン人は、ベトナム戦争でＣＩＡの援助をうけて米国のために戦い、米国の撤退とともに「難民」となった。そこに中国やタイなどの国境を越えて移動するミエン人も加わった。彼らは戦争で身につけた技術を活用して森でのマツタケ狩りを生業にしていた。

　わずかな白人のなかにはベトナム戦争の退役軍人もいた。戦争のトラウマを抱え、資本主義的な労働環境になじめない者たちが、政治・経済システムからの「フリーダム」を求めてマツタケの森に集まった。彼らにとってマツタケは、そのフリーダムの「戦利品」であり、象徴的な価値をもつ交換品だった。メラネシアの贈与交換のように、それは使用価値のある商品とは異なる「贈り物」だった。

ところが、その「戦利品」のマツタケも、夜が明けないうちにまったく別物に「翻訳」される。バイヤーが雇う臨時雇いの作業員がたんたんと仕分けして保冷剤とともに木箱に詰めると、マツタケは資本主義市場で流通する「商品」と化す。そして国際的なサプライ・チェーンを通って日本にたどりつくと、それは再び料亭での接待や結婚式などで供される「贈り物」になる。「戦利品」のマツタケが「商品」に転換され、再び「贈り物」に転換される。この複数の「翻訳」が商品の流れを加速させ、利潤を生みだす。

チンは、これこそが資本主義の特徴である「サルベージ・アキュミュレーション」だと論じる。沈没船が引き揚げられ鋼材として再利用されるように、資本主義が周縁部では価値のない物を「翻訳」して富の蓄積へとつなげる。このグローバル・サプライ・チェーンの構築に一役買ったのが、戦後日本の総合商社だった。商社の日本人は現場に入らず、多重の下請契約を活用して現地代理店に商品を入手させた。こうしてインドネシアでの木材の違法伐採も可能になった。

しかもこの資本主義は人間の営みだけで作動しているわけではない。そもそも日本でマツタケが採れなくなった背景には複数の動植物の働きがあった。二〇世紀初頭、米国から輸入されたマツと一緒に線虫が長崎港に上陸。自分で移動できない線虫はカミキリ虫に跳び移り、日本中に広まった。菌類の子実体であるマツタケはマツを宿主樹木《ホストツリー》にし、胞子を放出して増殖する。マツは荒廃した開けた土地で育ち、人間の攪乱で維持される。広葉樹が茂り日陰が増えると弱ってしまう。

戦後、日本の総合商社の働きで東南アジアから安価な木材が流入すると、日本の山林は放置され、広葉樹が繁茂した。そうして弱ったマツに北米由来の線虫がとりついてマツが枯れ、マツタケも姿を消したのだ。結果として、それがオレゴンの森に冷戦下の戦争によるトラウマを抱えた者たちにとってのフロンティアを生みだし、グローバルな資本主義のサプライ・チェーンを出現させた。まさにさまざまなものが幾重にも絡み合っている。

チンは、米国だけでなく、中国・雲南、日本の里山、フィンランド北部のマツ林、各国のマツタケ研究者や林野局などを訪ね歩きながら、現代的な資本主義の「歴史」が複数種の偶然の協働＝アッセンブリッジによって織りなされていく様を克明に描いた。彼女のマルチ・サイトなフィールドワークの手法自体が、ひとつの文化や社会の輪郭を前提としない比較の視点を体現している。まさに新時代の民族誌だ。

古典的民族誌の再発見

人類学は、科学や資本主義など現代的テーマを研究する学問としてあらたな道を歩みはじめた。そして『マツタケ』に代表される「マルチスピーシーズ人類学」が一大潮流となった。だが、かならずしも「未開社会」を対象にする古典的研究がまったく価値を失ったわけではない。その意義を明確にし、独自の人類学を提示してきたのが、グレーバーだ。

一九八〇年代以降、ライティング・カルチャー・ショックや実験的民族誌の試みをへてポストモダン人類学がブームになるなかで、人類学の古典は時代錯誤の遺物のように扱われるようになった。グレーバーは、こうした古典的研究を独自の視点から蘇らせる。

『アナーキスト人類学のための断章』(二〇〇四年)でグレーバーは、「人類学者たちは結局、現に存在する国家なき社会について何事かを知っている唯一の学者集団である」[*4]と述べている。つまり、いま世界を覆っているように思われている「国家」というテーマを考えるとき、人類学者はそれをもっとも根源的に問える立場にいるのだ。

グレーバーは、人類学はずっとその問いに向き合ってきたという。モースは贈与経済に着目することで、国家と市場のない社会はそのように生きることを人びとが積極的に望んだからだという理解を示し、その視点はクラストルにも引き継がれた。国家だけではない。多様な社会の知見を蓄積してきた人類学は「人類というものの総体を一般化しうる唯一の学問」[*5]である。ただしグレーバーは、そうした広範な知見にもかかわらず、人類学者は幅広い理論的一般化を目指すことをあきらめてきたと指摘する。それはまさに彼自身が生涯をかけて挑んだ仕事でもあった。

世界的なベストセラーとなった『負債論』(二〇一一年)では、彼は人類学の古典的な研究も駆使しながら、アダム・スミスが提示して経済学の基礎となった交換する人間像を鋭く批判している。[*6]そして国家の暴力や宗教的なモラリティも絡む負債と貨幣をめぐる複雑な歴史をあざやかに描きなおした。

一九八〇年代以降、多くの人類学者が「大理論《グランドセオリー》」から距離をとり、外からは難解でわかりにくい細分化された議論に陥っていた。そのなかで、人類史を総体としてとらえるグレーバーの研究は人類学内外に大きな衝撃を与えた。その後も、彼は人類学の可能性を大きく拡張する作品を残している。しかし、それが現代人類学の主流となっているわけではない。次節でさらにその錯綜した地平に迫ろう。

2　変革と実践の学問へ

人類学が研究対象としてきた人びとは、欧米などのいわゆる「先進国」とまったく違う世界を生きているわけではない。二〇世紀後半以降、人類学は「未開」と「文明」、「西洋」と「非西洋」、「前近代」と「近代」といった大きな「断絶」を前提とする観点に挑みつづけてきた。

グレーバーは、その挑戦を「壁を爆破する」と表現する。[*1] 断絶が強調される背後には、世界が「全体化する体系」に覆われているとみなす思考の癖がある。近代化や資本主義化すれば世界全体が一変する、といったように。その思考にもとづけば、必然的に人類史は革命の連続になる。新石器革命、産業革命、情報革命……。だがグレーバーは、変化は長期にわたる出来事であり、革命は断絶にはなりえないと強調する。

この視点は、考古学者デヴィッド・ウェングローとの共著『万物の黎明』でも貫かれている。[*2] 彼らは、農業が誕生した新石器革命や都市文明をつくった都市革命によって生産力が増大し、国家のような階層的で不平等な社会が誕生したという単線的な歴史観を明確に否定した。そしてヨーロッパ啓蒙思想の成果とされてきた自由や平等の概念も、支配と服従を生む国家のような制度も、特定の時代や地域において発展したわけではなく、人類史のなかでくり返し現れてきたと論じる。

これらは、グレーバーのアナキズム的な社会変革のビジョンにも直結する。革命的行動とは、かならずしも大きなシステムを転覆させることではない。権力と支配の特定の形態を拒絶し、それに立ち向かいつつ、社会関係を再構築するために集団的《コレクティブ》に行動する。その革命後の世界を現実化させる行動の継続的な積み重ねこそが、すべてを変革する。グレーバーはそう考えていた。

人類学が参与する「政治」とは?

グローバル・ジャスティス運動やオキュパイ・ウォールストリート運動など、アクティビストとして直接行動にコミットしてきたグレーバーの立ち位置は、人類学者のなかでも際立っている。彼は、一九八〇年代以降に隆盛したポストモダン人類学の潮流をネオリベラリズムが席巻する世界ではまったく無力だったと一蹴している。[*3] 人類学者は、社会を変革するプロセスでどんな役割を果たすべきなのか。このグレーバーの政治的な問いかけは、人類学の現在地を探るひとつの糸口でもある。

グレーバーと同じく、前近代と近代との壁（「分水嶺」）を破壊してみせたラトゥールは、彼らの提唱するアクター・ネットワーク・セオリー（ANT）が権力や支配の存在を無視しているという批判に反論している。[*4] すべての人間も人間以外のものも、アクターとしてネットワーク上で連結する。そのように「社会的なもの」をフラットにとらえるANTの視点は、権力関係や不平等な格差を黙認していると批判されてきた。

ラトゥールは、権力や支配を人間だけで構成される「社会」という謎めいた入れ物で説明しても、本当の原因が覆い隠されるだけだという。権力や支配は多数のモノによって説明され、媒介され、移送されている。いかに支配が強くおよぶのか、どんな手段を通してその力が移送されてきたのか説明することこそが、権力や支配と戦うことを可能にする唯一の方法である。ラトゥールはそう論じて、多様なモノの作用に注目する意義を説く。その視点は、アナ・チンがマツタケをめぐる虫や樹木など複数種の絡まりを通して資本主義の力をとらえた描き方とも重なる。

ラトゥールが目指したのは、客観的で単一の「自然」と、人間によって構成される多様な「社会・文化」との明確な分離を前提とする近代の二元論を打破することだった。[*5] 科学は単一の「自然」を研究して「厳然たる事実」をあきらかにする営みではない。さまざまな人やモノを連結させ、「議論を呼ぶ事実」を提起しているにすぎない。それはつまり、単一の自然の事実があるという単数形の世界から、物事そのものが複数的なものとして展開している複数形の世界に移行することだ。

その移行は、ひとつの事実に対して複数の見方や解釈が可能だということではない。それは単数形の世界を維持したまま、そこにある差異を象徴的な表象にみちた「社会」や「文化」の違いに還元しているからだ。単一の客観性という自然科学の領域と複数の象徴的現実という社会科学の領域。そうして、自然と社会文化、モノと人間との分離が温存される。

ラトゥールは、あらゆる社会に異なる文化があるという文化相対主義は、自然科学の堅固な絶対主義を前提にしていたと指摘する。自然が単一なので、あらゆる差異は文化/社会に起因するとみなされたのだ。だからこそ、「物事そのものが複数的」であるような存在論に踏み込まなくてはならない。この点が、存在論的転回を主導してきたヴィヴェイロス・デ・カストロらが掲げる「多自然主義」と共鳴する部分だ。では、ラトゥールは、この見取り図のなかで、どう政治的にふるまおうとしたのか。

私たちを弱く結びつけているものの連続、つまりは、構築され、人工的で、特定可能で、報告可能な、驚くべき結びつきの連続だけが、戦うための唯一のすべなのではないか。〔中略〕大文字の総体的なものに対しては、その前にひれ伏すか、もっとひどい場合には、完全な権力の場を占めることを夢見るほかない。開かれ、フラットにされ、身の丈の大きさになった土地においてのみ、行動を起こすことが可能になると主張するほうがはるかに確実であろう。〔中略〕そう主張できなければ、どんな政治もない。新たな組み合わせや思わぬ出来事に訴えることなく、勝利を収めた戦いはなかったからだ。[*6]

「大文字の総体的なもの」という言葉は、グレーバーの「全体化する体系」という表現と呼応している。国家や資本主義といった巨大なシステムが世界を覆いつくしているとしたら、それにとってかわる大きな権力を手にするしか世界を変える術はない。ラトゥールもグレーバーも、ともに「身の丈の大きさ」で行動を起こすことが世界を揺さぶり、変えていくのだと考えていた。

ラトゥールは、「研究をするということは、共通世界の材料を集めたり組み上げたりするという意味で、例外なく、政治を行うことである」[*7]と述べている。だがそれは、これまでどおりの「社会的紐帯のレパートリー」（社会、社会規範、社会法則、構造、社会的慣習、文化、規則など）をもとに権力や支配について語ることではない。

〔それは〕政治について話しているように見えるけれども、政治的に話してはいない。つまり、これまでと同じすでに規格化された力の小さなレパートリーをさらに押し広げているだけである。「有力《パワフル》な説明」を示すことに喜びを感じるかもしれないが、それこそが問題だ。その喜びが表しているのは、権力の拡大に与したいという欲望であって、権力の中身の再構成に与したいという願いではない。そうした説明が政治的な演説に似ているとしても、政治的な務めには手を付けてすらいない。諸々の候補子を組み合わせて、その種差的な要求に応じた新たな集会を作ろうとしていないからだ。[*8]

ラトゥールは、だからあえてANTは「権力を避けること」をスローガンにし、「可能な限り権力の概念を用いないようにしている」と説明する。

支配権力を打倒するのでも、みずからその大きな力を手に入れるのでもない。人やモノがフラットに連関するネットワークで、別の組み合わせを試し、あらたなアリーナを開く。それが人類学のなしうる政治への参与だ。グレーバーなら、それでは手ぬるいと言うだろう。だがそこには、等身大の行為から世界を変えていこうとする、共通の変革へのビジョンがある。

存在論的人類学の政治的含意

存在論的転回を掲げる人類学とグレーバーの主張は、かならずしも一致しているわけではない。グレーバーは、ヴィヴェイロス・デ・カストロが彼のマダガスカルの研究を「時代遅れの人類学」と批判したことについて、厳しい反論の文章を書いている。[*9]

ヴィヴェイロス・デ・カストロが批判したのは、マダガスカルの「雹の呪符」が実際には農民の作物を雹から守れないとグレーバーが述べた点だ。根本的他性を認めることをテーゼとする存在論的人類学にとって、現地の人びとが世界を間違って理解しているかのような言明は、西洋的な存在論の一方的な押しつけを意味する。

グレーバーの多岐にわたる反論のなかでも重要なのは、根本的他性を強調することが、意味のある対話や変化の可能性を閉ざし、既存の権威を守ることになるという指摘だ。人類学は「他性」がそれほど根本的ではないことを示して、自分たちの日常的な前提を問いなおしてきた（ニューギニアのクラ交換からシカゴの先物取引をとらえかえすように）。世界は、あらゆるものが権力側の目的を支えるようにできている。そこでいかなるアプローチが権力構造と権威に対抗しようとする人びとを支持することになるのか。グレーバーは、それが政治的に重要な問題だとして、根本的他性を強調する立場から距離をとっている。

根本的他性の存在論が自明視されるとき、その対極にある「私たち」の存在論も疑いないものとして守られる。グレーバーは、そこに「西洋科学」や「常識」に挑むことなく、それを支える権威の構造をも守ろうとする保守的な傾向をみいだした。そもそもマダガスカルのフィールドのすべての人が呪符で雹を防げると信じているわけではない。呪符の効果について、現地の人びとも相容れない意見をもち、議論を交わしていた。つまり根本的他性とされた人たちの見解は一枚岩でも不変でもないのだ。

グレーバーは、対話の相手と真剣に向き合うことは、彼らが言うことすべてに同意することではなく、むしろ完全には理解できるわけではないと認識することからはじまると述べている。それは「私たち」と「彼ら」に共通する限界を認めることだ。みないつかは死ぬし、計画が成功するかどうか確信をもって知ることもできない。つまり現実はつねに私たちの想像の構築物によって完全には包摂されない。そこからグレーバーは、「根本的他性」とは「現実」の言い換えでしかないと論を進める。人類学者もフィールドの人びとも、誰もが予測不可能性と根本的な不可知性という強固な現実と向き合っている。

　ある呪術について本当は効力などないと言えることが、他の種類の呪術であれば効くと言うことを可能にしている。それらすべてを絶対に理解できない根本的に異なる現実への入り口であるかのように扱ってしまうと、それが本当かどうかを確かめる機会も失う。つまり、私たちの可能性が本当に揺さぶられるきっかけにはならない。

　グレーバーは、「差異を真剣に受けとめる」という存在論的転回が提示した姿勢を「根本的他性」として教条化すると、既存の権威構造を維持することにつながると指摘する。そうかもしれないし、そうでないかもしれない。現地の人びともそうして議論を交わしているように、人類学者も完全には知りえない現実の前でその対話に参加し、あらたな可能性を開いていく。お互いにとっての現実の不可知性を認めることがともに別の可能な世界を探るための出発点なのだ。

他者との会話に加わること

このグレーバーたちの論争とも重なるエピソードに言及しているのが、同じく存在論的人類学を表明しているティム・インゴルドだ。インゴルドも「他者を真剣に受け取ること」を人類学の第一原則として掲げている。[*10]

これまで人類学は、他者との差異という「試練」から逃れるために多くの戦術を使ってきた。人びとが合理的ではないとか、発達の初期段階の特徴があるとか、事実と幻想を区別できないとか……。現代のほとんどの人類学者は、こうした戦術を放棄したが、いまだに他者の言動が現実に影響を及ぼすことを否定する態度が残っている。つまり他者との差異を「観念や信仰や価値から組み立てられている構築物」、すなわち「文化」と呼ぶもので説明しようとする態度だ。

それは、私たちが「知っている」と思っている現実が侵されないままであると納得するための戦術だ（グレーバーの言葉を使えば、揺さぶられないための戦術）。そこには文化によって多様に構築されているものが、ひとつの所与の現実の代替となる偽物だという前提がある（ラトゥールの表現では、単数形の自然と複数形の文化が分離されている）。

人びとの思考と実践を何かを論証するための証拠として扱うのではなく、それらを私たち自身が学ぶべきレッスンとして扱わなければならない。インゴルドはそう指摘して、「他者を真剣に受け取ることとは、その論を閉じてしまうことではなくて、彼らの経験によって豊かになった想像力に対して論を開いていくこと」[*11]だと述べる。

問われるべきは、「どのようにして私たちが住まう世界を**知る**ことができるのか」(＝認識論)ではなく、より根源的な「私たちが知っている世界はどのように**ある**のか」(＝存在論)という問いだ。

インゴルドは、その存在論への転回の重要性を説明するために、一九三〇年代に人類学者ハロウェルが調査した北部中央カナダの先住民オジブワの事例をあげる。調査の過程でハロウェルは、オジブワ語では「石」にあたる単語が「いのちある存在」に属するようだと気づく。そして首長ベレンズに「すべての石は生きているのだろうか?」とたずねた。ベレンズは長いあいだ考えたすえに、「いいや、でも、生きているのもある」と答えた。

インゴルドは、このエピソードを考えるために、ひとつの例をあげる。私たちはテーブルを「いのちなきもの」と考えている。だが、もしそれが宗教的な儀式での祭壇なら、霊的な生命力を放つようにみなすかもしれない。日常的に出くわす石が動かないのは、オジブワにとっても明白だったにちがいない。だが場合によっては、石が聖なる力を備えているように見えることもある。

インゴルドは、ベレンズも「すべての石は生きている」と断言したわけではないことに注意を向ける。オジブワには、石を生きているとみなす、私たちとは根本的に異なる他性があるのではない。まるで生きているような石に出会ったことがあるという個人的経験をもとに、ベレンズは「生きているのもある」と答えた。そう想像しただけだと考えることもできるだろう。だがベレンズの言葉は、経験した事実と想像力がどうしてそんなにたやすく区別できるのか、と逆に私たちに問いかけている。

世界はその構造と構成のなかに安定しているわけではない。すでに知っているかのように世界の確実性を示せるわけでもない。インゴルドは、世界は絶えず生成しつつあり、だからこそ不思議さと驚きの源泉でありつづけているという。ベレンズの言葉をそれに値する重さで扱えば、私たちはそれまであたりまえと思って疑わなかった事柄を疑問視するようになる。そこから、そもそも「いのち」とは何かといった問いを考えられるようになる。

ハロウェルは、結局、ベレンズの言葉をオジブワ文化の証拠として扱ってしまった。つまり、そこから自分たちの概念を揺さぶる豊かな問いに開かれるはずだった論を閉じてしまった。先住民が正しい答えをもっているわけでも、西洋人がすべて間違っているわけでもない。インゴルドは、答えをもっている人など誰もいない、という。でもだからこそ個人的な経験と他者から学んだことにもとづく別のアプローチがあり、それらは比較してみるに値する。インゴルドは、人類学はその比較を行う価値に深くかかわることで前進すると主張する。ただしそれは、固定的な自他を比較することでも、前もって決まっている問いへの答えを見つけだす作業でもない。

私たちが比較するのはむしろ、その途上に投げ出された目標をひっきりなしに追い抜いていく、考えることとすることの**方法**なのである。このことは、人間の生き方の多様性をカタログ化することなどではない。会話に加わることである。会話の中ですべての参加者が絶えず変容にさらされているような会話に。要するに、人類学の目的は、人間の生そのものと会話することである。[*12]

このインゴルドの言葉は、グレーバーの対話を重視する議論と近接している。インゴルドの著作では、グレーバーが好んで論じる支配的な国家や市場などが主題になることはない。そういう意味では、インゴルドとグレーバーはまるで異質な人類学を実践しているようにもみえる。だがインゴルドがあからさまな政治的言説から距離をとっている理由は、ラトゥールの「権力を避けること」と同じ立場を共有しているからかもしれない。グレーバー、インゴルド、ラトゥール、この三人のあいだの距離をはかること。それが、現在の人類学の交錯した状況を読み解くひとつの鍵でもある。

ともに探究し変革するための学問へ

インゴルドは、人類学と「知識生産」とは無関係だという。求めているのは客観的な「知識」ではなく、「知恵」である。知識は、モノを固定して説明したり、予測可能にするために概念や思考のカテゴリーにモノを固定したりする。それがある「理解」を可能にする。しかし知識の要塞に立てこもると、周りで何が起きているのか注意を払わなくなる。知恵があるとは、世界のなかに飛び込み、そこで起きていることにさらされる危険を冒すことだ。

知識は私たちの心を安定させ、不安を振り払ってくれる。知恵は私たちをぐらつかせ、不安にする。知識は武装し、統制する。知恵は武装解除し、降参する。知識には挑戦があり、知恵には道があるが、知識の挑戦が解を絞り込んでいくその場で、知恵の道は生のプロセスに対して開かれていく。[*13]

知恵は私たちの安定した世界を揺さぶる。この知恵を手にするために、人類学者は一般には無知と片づけられてしまう人びとから進んで学ぼうとする。世界が変わりつつあるとき、その知恵はけっして無視できない。客観性を盾に相手を対象化して距離をとると、その知恵を学ぶことはできない。人類学が、人びとの生に巻き込まれる参与観察を重視してきたのはそのためだ。

インゴルドは、人類学とは人びとについての研究ではなく、人びととともに研究する学問だという。そしてそれは教育的なものである、と。私たちがフィールドで人びとから学び、みずからの生を変化させる。そこからフィールドの人びとも、また別の誰かの生をも変化させていく。インゴルドは、「教育には変革する力がある」として、こう述べる。

人類学が重要なのは、私の考えでは、まさしく教育し、またこの教育を通じて生――私たち自身の生と私たちが調査をしている人々の生――を変えうる潜在的な力のためである。しかしこの潜在的な力は、私たちが彼らから進んで学ぼうとする場合にのみ現実のものとなりうる。[*14]

インゴルドは、だから「他者を真剣に受け取ること」が大切なのだと説く。グレーバーのように、権力や暴力に立ち向かおうとするのではない。根本的他性を不可侵のテーゼに据えることでもない。インゴルドは、知識生産をする学問であることよりも、世界をともによりよきものへと変革させていく人類学を提唱する。それは大きな力で転換を迫るのではなく、学びの対話を通して互いの可能性を開いていく、小さな変革の積み重ねだ。そのインゴルドの姿勢は、グレーバーやラトゥールの人類学への向き合い方とも通じている。

これまでもたどってきたように、人類学が科学的な学問を目指した時代もあった。だが一九七〇年代以降、その科学の営み自体が人類学の研究対象となるなかで、科学的であること、客観的であることの意味が根底から問われてきた。いまも人類学のフィールドワークは客観的ではないと批判されることがある。それに対して、これまで紹介してきたような人類学者なら、客観的でありさえすれば世界はよりましになるのか、と問い返すだろう。

一般の科学は客観的な自然という、ひとつの事実／現実の存在を前提としてきた。そういうものに依拠しないとしたら、人類学はどんな学問なのか。それはこの硬直した世界に揺さぶりをかけ、つねに別の可能性を開いていく変革のための実践である。人類学の過去から現在へと何度も旋回した先に、うっすらといま人類学が降り立とうとしている地平が浮かび上がってきたようだ。

おわりに

学問の歴史、いわゆる学説史は「基礎」だといわれる。大学ではじめて受ける入門的な授業も学説史が中心になることが多い。そこには学問の歴史をたどれば、どういう学問なのかを理解できるという前提がある。本書で人類学の歩みを振り返ってあらためて思うのは、学説史はそんなにやさしくはないということだ。

はじめに人類学がどういう学問なのか、説明が難しいと書いた。人類学の黎明期から現在まで何度も旋回したあとでも、それは変わらない。いまからみれば重要な研究として評価が定まっていても、同時代には痛烈な批判にさらされていたものもある。大きな影響を与えた古典的研究が現代の視点からは受け入れがたい前提に立っていることもある。あるいはその古典の読み自体が時代とともに移り変わってきた。

本書では、そんなもつれた糸をほどきながら、人類学にふれたことのない人にもわかりやすく説明しようと試みてきた。私自身も人類学を一から勉強しなおすつもりで、できるだけ広く目配りしようと努めたが、当然ふれることができたのは、ほんのわずかな断片にすぎない。人類学は誕生してから一五〇年くらいの若い学問だ。それでも気が遠くなる膨大な研究の蓄積があり、つねにあらたな研究が生みだされている。人類学者を名乗る者でも、勉強しつづけるほかない。

人類学とは何か。それをうまく説明できないのは、それぞれの人類学者がみずからの人類学を実践してきたからである。こんな学問だという定義にそって研究しているわけではない。時代状況のなかで、あるべき姿を模索しながら手探りで進んできた。何のために研究するのか、どんな研究に意義があるのか。おそらく学問にたずさわる者ならつねに自問をくり返しているはずだ。この本を書くことが、私なりにその問いに向き合う機会でもあった。

人類学の現在地を見定める。それが本書のもう一つの目的だった。いま日本でもたくさんの人類学者の本が翻訳され、研究内容が紹介されている。異分野から注目される機会も増えた。だが、それらがどういう系譜のなかで関係しあっているのか、それぞれをどう位置づけたらよいのか、人類学を学ぶ者にとってもあまり明確ではない。インゴルドも、ラトゥールも、グレーバーも、それぞれの研究が紹介されることはあっても、相互の関係についてはあまり語られてこなかった。もちろんその三人の研究の関係を解き明かすだけでも一冊の本が必要になる。本書では、最後に少しだけ接点となる部分にふれることしかできなかったが、私も影響を受けた人類学者の位置づけを見定める作業は、今後もつづけたいと思っている。それは私自身がどんな「みずからの人類学」を実践するのか、考えるために欠かせないからだ。

本書は、『群像』の連載（二〇二一年三月号〜二〇二二年一〇月号）をもとに大幅に加筆修正してまとめている。毎月の字数が限られていたため、人類学者の研究を簡潔に縮めて紹介するのにかなり苦心した。連載から単行本の刊行まで編集を担当してくださった堀沢加奈さんには、つねに期限も字数もぎりぎりの原稿を前向きに受けとめていただいた。最後までたどりつけたのは、堀沢さんが最初の読者として人類学の歴史をおもしろがって読んでくれたおかげだ。あらためて感謝申し上げたい。

二〇二三年一月

松村圭一郎

註

1章　人間の差異との格闘

1　「差異」を問う

＊1　エドワード・B・タイラー『原始文化』松村一男監修・奥山倫明ほか訳、国書刊行会、二〇一九年、上巻、一五頁。
＊2　同書下巻、五二一頁。
＊3　E. B. Tylor, *Anthropology*, New York: D. Appleton and Company, 1906, pp.5-6.
＊4　太田好信「媒介としての文化――ボアズと文化相対主義」太田好信・浜本満編『メイキング文化人類学』世界思想社、二〇〇五年、三九―六五頁。
＊5　ルース・ベネディクト『文化の型』米山俊直訳、講談社学術文庫、二〇〇八年。
＊6　同書、三〇二頁。
＊7　ルース・ベネディクト『レイシズム』阿部大樹訳、講談社学術文庫、二〇二〇年。
＊8　クロード・レヴィ＝ストロース『人種と歴史』荒川幾男訳、みすず書房、二〇〇八年、九頁。
＊9　同書、四八頁。

2　構造のとらえ方

＊1　クロード・レヴィ＝ストロース「アジアとアメリカの芸術における図像表現の分割性」『構造人類学』荒川幾男ほか訳、みすず書房、一九七二年、二六九―二九三頁。
＊2　ラドクリフ＝ブラウン「社会構造について」『新版　未開社会における構造と機能』青柳まちこ訳、新泉社、二〇〇二年、二六〇―二八二頁。
＊3　クロード・レヴィ＝ストロース「民族学における構造の観念」前掲書、三〇一―三五五頁。
＊4　クロード・レヴィ＝ストロース『親族の基本構造』福井和美訳、青弓社、二〇〇〇年。

*5　エドワード・B・タイラー『原始文化』松村一男監修・奥山倫明ほか訳、国書刊行会、二〇一九年、下巻、二五七頁。
*6　クロード・レヴィ＝ストロース『野生の思考』大橋保夫訳、みすず書房、一九七六年。
*7　同書、一二七頁。

3　未開と近代

*1　クロード・レヴィ＝ストロース『野生の思考』大橋保夫訳、みすず書房、一九七六年。
*2　レヴィ＝ストロースは、構造主義をまったくあたらしい革命的な手法ではなく、「ハード・サイエンス」が行ってきたことの「冴えない模倣」と表現している（クロード・レヴィ＝ストロース『神話と意味』大橋保夫訳、みすず書房、二〇一六年、一一―一二頁）。
*3　クロード・レヴィ＝ストロース「歴史学と民族学」『構造人類学』荒川幾男ほか訳、みすず書房、一九七二年、三一―三四頁。
*4　ジョルジュ・シャルボニエ『レヴィ＝ストロースとの対話』多田智満子訳、みすず書房、一九七〇年。
*5　クロード・レヴィ＝ストロース『野生の思考』、二八〇頁。
*6　ブリュノ・ラトゥール＋スティーヴ・ウールガー『ラボラトリー・ライフ　科学的事実の構築』立石裕二＋森下翔監訳、金信行ほか訳、ナカニシヤ出版、二〇二一年。
*7　同書、三七頁。
*8　ブルーノ・ラトゥール『虚構の「近代」　科学人類学は警告する』川村久美子訳、新評論、二〇〇八年、一七二頁。

2章　他者理解はいかに可能か

1　他者理解の方法

*1　エンゲルス『家族・私有財産・国家の起源』戸原四郎訳、岩波文庫、一九六五年、九頁。

＊2　山室周平『モーガン』有斐閣、一九六〇年、五―七頁。
＊3　同書、二三―二四頁。
＊4　Lewis H. Morgan, *Systems of Consanguinity and Affinity of the Human Family*, Smithsonian Institution, 1871, pp.454-457.
＊5　B・マリノフスキ『西太平洋の遠洋航海者』増田義郎訳、講談社学術文庫、二〇一〇年、三六頁。
＊6　同書、三七頁。
＊7　マリノウスキー「未開人の心理における父」『未開家族の論理と心理』青山道夫・有地亨訳、新文化選書、一九六〇年、一二〇頁。
＊8　B・マリノフスキ『西太平洋の遠洋航海者』、五七頁。
＊9　同書、五四頁。
＊10　同書、六一頁。
＊11　同書、六五頁。

2　揺らぐフィールドワーク

＊1　泉靖一「マリノフスキーとレヴィ＝ストロース」『世界の名著71　マリノフスキー　レヴィ＝ストロース』中央公論社、一九八〇年、二七―二九頁。
＊2　B・マリノフスキー『マリノフスキー日記』谷口佳子訳、平凡社、一九八七年、二四七頁。
＊3　同書、二五〇―二五一頁。
＊4　同書、二〇二頁。
＊5　同書、二七四―二七五頁。
＊6　M・ミード『サモアの思春期』畑中幸子・山本真鳥訳、蒼樹書房、一九七六年、一八二―一八四頁。
＊7　デレク・フリーマン『マーガレット・ミードとサモア』木村洋二訳、みすず書房、一九九五年、二五二―二五六頁。
＊8　同書、二五七―二五八頁。
＊9　同書、二八七頁。

*10　同書、三五七―三五九頁。
*11　池田光穂「民族誌のメイキングとリメイキング――ミードがサモアで見いだしたものの行方」太田好信・浜本満編『メイキング文化人類学』世界思想社、二〇〇五年、一二五頁。

3　存在論へ

*1　C・ギアーツ『文化の解釈学I』吉田禎吾ほか訳、岩波現代選書、一九八七年、六頁。
*2　同書、三九頁。
*3　クリフォード・ギアーツ「「住民の視点から」――人類学的理解の性質について」『ローカル・ノレッジ　解釈人類学論集』梶原景昭ほか訳、岩波モダンクラシックス、一九九九年、九七―一二四頁。
*4　同書、一〇一頁。
*5　ジョージ・E・マーカス、マイケル・M・J・フィッシャー『文化批判としての人類学　人間科学における実験的試み』永渕康之訳、紀伊國屋書店、一九八九年。
*6　ヴィンセント・クラパンザーノ「ヘルメスのディレンマ――民族誌記述に潜む、隠蔽された自己矛盾――」ジェイムズ・クリフォード、ジョージ・マーカス編『文化を書く』春日直樹ほか訳、紀伊國屋書店、一九九六年、九三―一三九頁。ギアツの「ディープ・プレイ――バリの闘鶏に関する覚え書き」は『文化の解釈学II』（岩波現代選書、一九八七年）所収。
*7　同書、一三二頁。
*8　タラル・アサド「イギリス社会人類学における文化の翻訳という概念」前掲『文化を書く』、二六一―三〇一頁。
*9　Henare, A., M. Holbraad and S. Wastell(eds.), *Thinking Through Things: Theorising Artefacts Ethnographically*, Routledge, 2007.
*10　ibid., p.15.

3章　人間の本性とは？

1　社会から個人へ

＊1　ホッブズ『リヴァイアサンⅠ』永井道雄・上田邦義訳、中公クラシックス、二〇〇九年、一六九—一七一頁。
＊2　同書、一七二頁。
＊3　B・マリノフスキ『西太平洋の遠洋航海者』増田義郎訳、講談社学術文庫、二〇一〇年、一四五—一四七頁。
＊4　同書、四一六頁。
＊5　マルセル・モース『贈与論　他二篇』森山工訳、岩波文庫、二〇一四年、六七—六八頁。
＊6　同書、一〇三頁。
＊7　同書、四四九頁。
＊8　Melville J. Herskovits, *Economic Anthropology: A Study in Comparative Economics*, Alfred A. Knopf, 1952, p.v.
＊9　Raymond Firth, ed., *Themes in Economic Anthropology*, Tavistock Publications, 1967, pp.1-28.

2　形式主義と実体主義

＊1　カール・ポランニー『経済と自由　文明の転換』福田邦夫ほか訳、ちくま学芸文庫、二〇一五年、三七—四九頁。
＊2　K・ポランニー『人間の経済Ⅰ　市場社会の虚構性』玉野井芳郎・栗本慎一郎訳、岩波現代選書、一九八〇年、五八—八七頁。
＊3　同書、七六頁。
＊4　同書、八八—一〇二頁。
＊5　マーシャル・サーリンズ『石器時代の経済学』山内昶訳、法政大学出版局、一九八四年。
＊6　同書、八頁。
＊7　同書、三三頁。

＊8　ジェームス・C・スコット『モーラル・エコノミー　東南アジアの農民叛乱と生存維持』高橋彰訳、勁草書房、一九九九年。
＊9　Samuel L. Popkin, *The Rational Peasant: The Political Economy of Rural Society in Vietnam*, University of California Press, 1979.

3　近代への問い

＊1　カール・ポランニー『大転換　市場社会の形成と崩壊』吉沢英成ほか訳、東洋経済新報社、一九七五年。
＊2　ジェームス・C・スコット『モーラル・エコノミー　東南アジアの農民叛乱と生存維持』高橋彰訳、勁草書房、一九九九年。
＊3　Arjun Appadurai(ed.), *The Social Life of Things: Commodities in Cultural Perspective*, Cambridge University Press, 1986, pp.3-63.
＊4　ibid., p.50.
＊5　Jonathan Parry and Maurice Bloch(eds.), *Money and the Morality of Exchange*, Cambridge University Press, 1989, pp.1-32.
＊6　ibid., p.9.（強調は原文より）
＊7　Stuart Plattner(ed.), *Economic Anthropology*, Stanford University Press, 1989, pp.1-20.
＊8　ibid., p.4.
＊9　ブルーノ・ラトゥール『虚構の「近代」　科学人類学は警告する』川村久美子訳、新評論、二〇〇八年。

4章　秩序のつくり方

1　法と政治の起源

＊1　チャールズ・R・ダーウィン『新訳　ビーグル号航海記　上』荒俣宏訳、平凡社、二〇一三年、

一三〇―一三三頁。
＊2　同書、一四七頁。
＊3　同書、一九五頁。
＊4　同書、三九七頁。
＊5　Lewis H. Morgan, *League of the HO-DE'-NO-SAU-NEE or Iroquois*, new edition, Dodd, Mead and Company, 1922, p. ix.
＊6　L・H・モルガン『古代社会　上巻』青山道夫訳、岩波文庫、一九五八年、一八一―一八四頁。
＊7　同書、一〇七―一〇九頁。
＊8　B・マリノウスキー『新版 未開社会における犯罪と慣習』青山道夫訳、新泉社、二〇〇二年、二五頁。
＊9　同書、三六頁。

2　国家と政治
＊1　L・H・モルガン『古代社会　上巻』青山道夫訳、岩波文庫、一九五八年。
＊2　R・H・ローウィ『国家の起源』青山道夫訳、社会思想社、一九七四年。
＊3　A・M・ホカート『王権』橋本和也訳、岩波文庫、二〇一二年。
＊4　同書、二一頁。
＊5　フォーテス／エヴァンス＝プリッチャード編『アフリカの伝統的政治体系』大森元吉他訳、みすず書房、一九七二年。

3　国家なき社会
＊1　G・バランディエ『政治人類学』中原喜一郎訳、合同出版、一九七一年、四一―四二頁。
＊2　同書、三二―三四頁。
＊3　G・バランディエ『舞台の上の権力　政治のドラマトゥルギー』渡辺公三訳、平凡社、一九八二年、第三章。

＊4　G・バランディエ『政治人類学』第六章。
＊5　ピエール・クラストル『国家に抗する社会　政治人類学研究』渡辺公三訳、水声社、一九八七年、第十一章。
＊6　同書、二七二頁。
＊7　ピエール・クラストル『政治人類学研究』原毅彦訳、水声社、二〇二〇年、一三二頁。
＊8　デヴィッド・グレーバー『アナーキスト人類学のための断章』高祖岩三郎訳、以文社、二〇〇六年、六五頁。
＊9　同書、六四―八二頁。
＊10　David Graeber and David Wengrow, *The Dawn of Everything: A New History of Humanity*, Farrar, Straus and Giroux, 2021, pp.108-110.

5章　自然と神々の力

1　宗教とアニミズム

＊1　エドワード・B・タイラー『原始文化』松村一男監修・奥山倫明ほか訳、国書刊行会、二〇一九年、上巻、第八章。
＊2　同書、第十一章。
＊3　同書、五二四頁。〔　〕の注釈は訳者による。
＊4　J・G・フレイザー『金枝篇　第一巻』石塚正英監修・神成利男訳、国書刊行会、二〇〇四年、第一章。
＊5　同書、第二章。
＊6　同書、第三章。
＊7　同書、第四章。
＊8　『金枝篇　第二巻』二〇〇四年、第九―十二章。
＊9　『金枝篇　第六巻』二〇一二年、第五―八章。

＊10　『金枝篇　第二巻』第二十章、『金枝篇　第四巻』二〇〇六年、第二章。

2　神の概念

＊1　ロバート・アッカーマン『評伝　J・G・フレイザー——その生涯と業績　上』小松和彦監修、玉井暲監訳、法蔵館文庫、二〇二〇年、一七六—一八一頁。
＊2　W・R・スミス『セム族の宗教　前編』永橋卓介訳、岩波文庫、一九四一年、四三頁（引用文は新字、新仮名遣いに変更、以下すべて）。
＊3　ロバート・アッカーマン『評伝　J・G・フレイザー　上』、二三八—二四一頁。
＊4　レヴィ・ブリュル『未開社会の思惟　上』山田吉彦訳、岩波文庫、一九五三年、一九—三三頁。
＊5　同書、四七頁。
＊6　M・モース／H・ユベール『供犠』小関藤一郎訳、法政大学出版局、一九八三年、三頁。
＊7　E・E・エヴァンズ＝プリチャード『ヌアー族の宗教　上』向井元子訳、平凡社ライブラリー、一九九五年、一四頁。
＊8　同書、二〇—三二頁。
＊9　同書、二四頁。
＊10　同書、第五章。
＊11　同書下巻、第十一章。

3　自然と人間

＊1　ヴィクター・W・ターナー『儀礼の過程』冨倉光雄訳、ちくま学芸文庫、二〇二〇年、第一章。
＊2　同書、五三頁。
＊3　岩田慶治『創造人類学入門　《知》の折返し地点』小学館創造選書、一九八二年、四四—四八頁。
＊4　岩田慶治『アニミズム時代』法蔵館文庫、二〇二〇年、八七—八九頁。
＊5　同書、一三六—一三七頁。
＊6　同書、一八九—一九〇頁。

＊7　ヴィクター・W・ターナー、前掲書、二三―二四頁。
＊8　エドゥアルド・ヴィヴェイロス・デ・カストロ『食人の形而上学　ポスト構造主義的人類学への道』檜垣立哉・山崎吾郎訳、洛北出版、二〇一五年。

6章　病むこと、癒やすこと

1　災いの原因

＊1　W. H. R. Rivers, *Medicine, Magic and Religion*, Routledge Classics, 2001, chapter 1.
＊2　E・E・エヴァンズ＝プリチャード『アザンデ人の世界　妖術・託宣・呪術』向井元子訳、みすず書房、二〇〇一年、序論（第二章）、第I部。
＊3　同書、四一頁。
＊4　同書、七五頁。

2　医療人類学の地平

＊1　クロード・レヴィ＝ストロース『野生の思考』大橋保夫訳、みすず書房、一九七六年、一五頁。
＊2　メアリー・ダグラス『象徴としての身体』江河徹ほか訳、紀伊國屋書店、一九八三年、第五章、序。
＊3　G・M・フォスター／B・G・アンダーソン『医療人類学』中川米造監訳、リブロポート、一九八七年、第一章。
＊4　同書、第三章。
＊5　同書、第一四章。
＊6　アーサー・クラインマン『臨床人類学　文化のなかの病者と治療者』大橋英寿ほか訳、河出書房新社、二〇二一年、第二章。
＊7　同書、第一〇章。
＊8　同書、四三〇頁。

3　ケアの視点

＊1　アーサー・クラインマン『ケアのたましい　夫として、医師としての人間性の涵養』皆藤章監訳、江口重幸ほか訳、福村出版、二〇二一年、二頁。
＊2　同書、二一六―二一七頁。
＊3　波平恵美子「医療人類学」祖父江孝男編『現代のエスプリ別冊　現代の文化人類学』至文堂、一九八二年、二〇頁。
＊4　波平恵美子『脳死・臓器移植・がん告知　死と医療の人類学』福武書店、一九八八年、一四頁。
＊5　アネマリー・モル『多としての身体　医療実践における存在論』浜田明範・田口陽子訳、水声社、二〇一六年、第一章。
＊6　同書、五七―五八頁。
＊7　アネマリー・モル『ケアのロジック　選択は患者のためになるか』田口陽子・浜田明範訳、水声社、二〇二〇年、第一章。
＊8　同書、三四―三五頁。
＊9　同書、第六章。
＊10　同書、一九二頁。

7章　現在地を見定める

1　二分法を問い直す

＊1　ブリュノ・ラトゥール『社会的なものを組み直す　アクターネットワーク理論入門』伊藤嘉高訳、法政大学出版局、二〇一九年、二四頁。
＊2　同書、一三二―一四八頁。
＊3　アナ・チン『マツタケ　不確定な時代を生きる術』赤嶺淳訳、みすず書房、二〇一九年。
＊4　デヴィッド・グレーバー『アナーキスト人類学のための断章』高祖岩三郎訳、以文社、二〇〇六年、一六二頁。

＊5　同書、一六四頁。
＊6　デヴィッド・グレーバー『負債論　貨幣と暴力の5000年』酒井隆史監訳、高祖岩三郎・佐々木夏子訳、以文社、二〇一六年。

2　変革と実践の学問へ

＊1　デヴィッド・グレーバー『アナーキスト人類学のための断章』高祖岩三郎訳、以文社、二〇〇六年、九一―九六頁。
＊2　David Graeber and David Wengrow, *The Dawn of Everything: A New History of Humanity*, Farrar, Straus and Giroux, 2021.
＊3　デヴィッド・グレーバー『価値論　人類学からの総合的視座の構築』藤倉達郎訳、以文社、二〇二二年、四―七頁。
＊4　ブリュノ・ラトゥール『社会的なものを組み直す　アクターネットワーク理論入門』伊藤嘉高訳、法政大学出版局、二〇一九年、一五五―一六二頁。
＊5　同書、二一八―二二七頁。
＊6　同書、四七六―四七七頁。
＊7　同書、四八四頁。
＊8　同書、四九一頁。
＊9　デヴィッド・グレーバー「根本的他性、あるいは「現実」について」難波美芸訳、『思想』一一五八号、二〇二〇年、七―五八頁。
＊10　ティム・インゴルド『人類学とは何か』奥野克巳・宮崎幸子訳、亜紀書房、二〇二〇年、第一章。
＊11　同書、二三頁。
＊12　同書、三三頁。
＊13　同書、一五頁。
＊14　同書、二〇頁。

初出
『群像』連載　二〇二一年三月号〜二〇二二年一〇月号

松村圭一郎（まつむら・けいいちろう）

一九七五年熊本生まれ。岡山大学文学部准教授。京都大学大学院人間・環境学研究科博士課程修了。専門は文化人類学。所有と分配、海外出稼ぎ、市場と国家の関係などについて研究。著書に『所有と分配の人類学――エチオピア農村社会の土地と富をめぐる力学』（世界思想社）、『ブックガイドシリーズ　基本の30冊　文化人類学』（人文書院）、『うしろめたさの人類学』（第七二回毎日出版文化賞特別賞、ミシマ社）、『これからの大学』（春秋社）、『くらしのアナキズム』（ミシマ社）、『はみだしの人類学』（NHK出版）、『小さき者たちの』（ミシマ社）など。共編著に『文化人類学の思考法』（世界思想社）、『働くことの人類学』（黒鳥社）がある。

装幀　川名潤

旋回《せんかい》する人類学《じんるいがく》

二〇二三年四月一一日　第一刷発行
二〇二三年五月二四日　第二刷発行

著者　松村《まつむら》圭一郎《けいいちろう》

発行者　鈴木章一
発行所　株式会社講談社
〒一一二‐八〇〇一　東京都文京区音羽二‐一二‐二一
電話　出版　〇三‐五三九五‐三五〇四
販売　〇三‐五三九五‐五八一七
業務　〇三‐五三九五‐三六一五

印刷所　凸版印刷株式会社
製本所　株式会社国宝社

KODANSHA

ISBN978-4-06-531396-1